kyōsu tomomitsu

京須偕充

圓生の録音室

Kodansha Bungei bunko

目次

第一章　録音室への道

圓生の録音室

第一章　録音室への道

花びらの道

六代目三遊亭圓生宅を初めてたずねたのは、昭和四十八年四月十二日の午後のことである。

それはレコーディングのプランをたずさえての訪問だった。

圓生さんのレコード。それも、すでに圓生さんがいくつかのレコード会社から何枚か出している、ごくふつうの〝落語〟のレコードではなく、三遊亭圓朝作の長編人情噺を、ある程度体系的に録音して残そう、というものだった。事前に電話などで多少の感触を得たうえでの訪問である。

その年三月九日、つまり私の訪問の約一ヶ月前、圓生さんは〝御前口演〟を行っている。落語家が宮中へうかがって両陛下の御前で一席、というのは開闢《かいびゃく》以来だと、ずいぶん話題になったものだ。

すでに八代目桂文楽は四十六年暮れに他界し、五代目古今亭志ん生も高座を退いて数年、この年九月にはこれも鬼籍に入る、というなかで、このとき七十二歳数ヶ月の圓生さんは名実ともに絶頂期をむかえていた。そんな圓生さんと仕事を始めるのは、まさにタイムリーなことである。

私にはひそかに期すところがあった。この人情噺の仕事はまずは手付け、うまくいくものなら落語全体に網をひろげて、圓生さんの主なレパートリーを根こそぎ録音し尽くしてしまいたい、と思っていたのだ。

精緻をきわめた話術、あらゆる人物をらしく演じ、情景はもとより幻想的な雰囲気の描写にも長じ、持ちネタの数の多さ抜群。そして貫禄、品格、知名度の高さ。明治末期以来のキャリアに加えて博覧強記、生ける文献としての値打ち。六代目三遊亭圓生は個人の名で落語の集大成をなしうる当代唯一の人物と思えたのである。

すでに昭和三十五年以来、青蛙房から速記『圓生全集』が刊行されていたが、そのレコード版にあたるものを作ってみたい、と私は思っていたのだった。

しかし、それはまだ圓生さんに伝えるわけにはいかない。この分野の企画は、長期的にみれば決して失敗することはないはずだが、目先でのいわゆるヒットをするものではない。だから初めから大風呂敷はひろげられないのである。企業にとって冒険だし、私どもの会社、CBS・ソニー(現・ソニー・ミュージックエンタテインメント)は当時まだ創業六年目で、この分野でのキャリアもなかった。

それに、神経質で気むずかしく、プライドが高いと評判の、昭和の名人三遊亭圓生と、さきゆきうまくやっていくことが出来るものかどうか、その段階では皆目見当がついていないのだ。とにかく、まず圓生宅の玄関の戸をあけて中へ入ることをしなければならない。

だが、私はなんとなく楽観的だった。特別の興奮も緊張感もない。この日にそなえて圓生さんの録音を聴いたり、著書をひもといたり、話題を取り揃えて準備したり、なにからどう切り出そうか、と頭を悩ませたりもしなかった。その日になり、約束の時刻がくれば、私は三遊亭圓生の前にいる。こちらは明確な目的をもっており、相手は大家中の大家、しかも三十歳の私より四十二も年長なのだ。

いたずらに想像をめぐらし、気負ったところで始まらない。しかし、話はどう展開するにせよ、この仕事はきっとものになる、そしてうまくいく。私にはそうとしか思えなかった。

その根拠はなにもない。自分にも説明できない、つまり勘のようなものだけで、私は事の成就を信じていた。勘だからこそ、私はかえって安心し、落ち着いている。ない根拠はくつがえされようもないからである。

ときどきこういうことはあるものだ。厄介な大仕事でも遠くまで見通すことができて、いける、と思えることがある。それほどの大ごとではなく、条件がととのっている場合でも、不安をぬぐいきれないことがある。結果はかならずしもその勘が的中するわけでもないのだが、事前に自信が持てるかどうかの差は大きい。

この年、春の訪れはすこし遅かったのだろうか。四月中旬にはいって二日目、いつもの年ならかなり散っているはずの桜は、まだかろうじて盛りの面影を残していた。圓生宅の数軒手前の庭に大きなソメイヨシノがあって、枝は街路の上に張り出している。よく晴れた日だった。梢も路上も美しく染まり、微風にのって花びらが肩に舞った。

毎年、花どきになると私はこの光景をおもいだす。なぜなのだろうか。その後、圓生さんとの仕事が数年にわたり、幾たびかこの樹の春を眺めたからなのだろうか。満開を見上げる圓生さんのスナップ写真を雑誌かなにかで見たおぼえもある。

だがおそらく、そんな理由からではあるまい。緊張も興奮もなかったとはいえ、この道を初めて歩き、この花を初めて見た日、私の心にはいささかのときめきがあり、瞳も少しは大きく開かれていたに違いない。

圓生宅は、地下鉄中野坂上駅から歩いて五分ほどのマンションの中にあった。その頃、中野坂上は丸ノ内線で新宿のとなり駅、地上に出れば青梅街道と環状六号線すなわち山手通りが交叉する交通の要所だが、少し奥まれば静かな住宅街である。美野マンション四〇五号室。エレベーターを降りて何歩ほども歩かず、その前に立った。玄関ドアのななめ上にはマンション共通の、ごくふつうの表札がはめられている。本名と芸名とがならんで横書きになっていた。

ブザーを押すと、すぐにドアがあいて、ひとりの若者が顔をのぞかせた。長髪全盛時代だったが、この若者は五分刈りのような短いヘアスタイルである。色白で細面、青年とも少年ともつかぬ齢格好で、俊敏そうな、しかしどこかとぼけた印象のある顔立ちだ。彼は小声だがキビキビとした口調で言った。

「いらっしゃいまし。どちらさまで」

名乗ると、承知していたとみえ、彼はすぐ、私を中へ招き入れた。人出入りが多いからだろうが、玄関はマンションの中とは思えないほど広かった。火消し纏《まとい》のミニチュアなどが飾られて、芸人の城らしい雰囲気はわずかながら漂っている。

若者は当時の内弟子で、前座の三遊亭全生だった。彼の案内で玄関正面の部屋の暖簾《のれん》をくぐると、そこは十数畳ほどの洋風の応接間である。あとでわかったのだが、その暖簾は宇野信夫氏手描きの染物だった。応接間に暖簾というのも妙なものだが、室内の調度、大きな蔵書棚などがわりあい日本風なデザインだったので、異和感はない。

応接間の隣は八畳ほどの日本間で、そこが圓生さんの書斎兼稽古場である。ふたつの部屋の境の襖戸はあけ放たれ、ひとつの空間をなしていた。二部屋ともベランダ付きで、その日本間のほうの窓辺に小机が置かれ、その前に、窓に向かうかたちでこの家の主人公は正座していた。書きものに余念がない様子である。

応接間の暖簾をくぐったときから、その姿は眼に入った。私は三遊亭圓生の坐ったうしろ姿というものを初めて見た。こちらに気付いた様子はない。私は応接間の入り口でかすかにためらう。主人公の背を見ながら奥へ進むのはぎこちない思いだ。なじみの客ならともかく、初の訪問者にはちょっと戸惑わされる構図である。

声をかけたものだろうか。だが、ベランダを背にした窓側の長椅子に私をいざなう全生くんが声を小さくするので、つい、私もものを言いそびれる。奥へ進んで長椅子に腰をおろすため身体の向きを変えたとき、新宿副都心の高層ビルが意外な近さで眼にとびこんできた。

全生くんはいったん応接間を出て行く。気持ちが悪いほど静かだった。窓を背にした私と窓に向かった圓生さんとは、敷居越しに二メートルほどの隔たりでならんでいる。

私は顔をすこしななめにして圓生さんを観察した。圓生さんはふだんの着物で腰から膝に前かけをたらし、老眼鏡らしいものをかけていた。

こちらに気がついているのかいないのか、脇目もふらず書きものをつづけている。六十代にしかみえない若々しさと色つやのある顔だちは高座に見るそれと変わらない。だが、初めて見る老眼鏡の横顔は、私には新鮮に思えた。そして芸を離れた、人間的なぬくもりのようなものさえ感じられ、私は珍しいものを見る思いで、そっと眺めつづけた。

時刻は約束の二時を十分ほど過ぎていた。窓からあおぐ空は青く、室内にもやわらかな光があふれている。ここはまぎれもなく、明治の寄席育ち、六代目三遊亭圓生こと山崎松尾の終《つい》の栖《すみか》であった。

青年の眼

ほどなく全生くんはお茶をもって応接間へ入ってきた。

「どうぞおあがりください」

彼は身をひるがえし、敷居をこえて師匠のななめ背後《うしろ》に寄る。師弟はごく小さな声で簡単なやりとりをした。圓生さんは書きものから眼をはなさない。

「まもなくまいりますので、少々……」

応接間へもどった全生くんが、なかばまで言ったとき、かぶせるように圓生さんの声がきこえた。

「少々お待ちくださいまし」

「はい、お待ちいたします」

これが最初の会話である。圓生さんの声音はおだやかで、口調は丁寧だった。私は茶をすする。濃い目だったが、香りの高い、よいお茶だ。テーブルの上には和菓子をひとつ載せた小皿が置かれ、竹の楊枝がそえられている。

四分ほどたった。圓生さんは老眼鏡をはずす。

「へい、どうもお待たせをいたしました」

机の上をちょっと片付けると、

「どうもこの、用というものはキリのいいところまでいたしませんと……」

と、なかばひとりごちながら立ちあがり、やや猫背気味にかがんで、ゆっくりと応接間へ現われる。そして、私のななめ向かいの椅子に腰をおろし、軽く深呼吸をするようにしてから、うまそうに茶をひとくちすすった。

至近距離で見る圓生さんは、やはり若々しい。昭和三十年代、落語のおもしろさがわかりかけてきた私が、寄席やホール落語会の客席から見ていたイメージとあまり変わっていないようにさえ思えた。頭髪はもちろんそのころより薄くはなっているが、年齢にしては多いほうだし、皺は少ない。肌のつやのよさ、眼の輝き。その眼には青年の面影が残っているといっても過言ではない。

あとから振り返ってみると、翌四十九年の初めくらいまで、圓生さんはふとり気味で、頬がふっくらとしていた。そのあとも、亡くなるまで年齢よりずっと若く見えることに変わりはなかったが、豊かな頬とそこに射したほのかな赤味は、もう戻ることはなかった。篠山紀信さんがレコード・ジャケットのために撮影しつづけた数百枚の写真がそれを語っている。

私は初対面の挨拶をし、名刺を差し出した。裸眼のためか、圓生さんはちょっと読みにくそうに私の名刺を見つめ、

「へ、さいですか」

と小さく言うと書斎に戻り、すぐ自分の名刺を持ってきて私に差し出した。そして私に菓子をすすめ、自分は楊枝をつかわず無造作に菓子を手にとって食べ、あと、懐紙で指をぬぐった。

茶を飲みながら多少の話をする。内容はまったく覚えていない。噺のマクラほどの意味もない、探りあいの世間話。あるいは御前口演の話でもしたのかもしれない。書斎には、宮中で『御神酒徳利《おみきどっくり》』を演じる圓生さんと、それを楽しまれる皇族方との二葉の写真が、それぞれ額におさめて壁に飾られている。

のちに思えば、そんなマクラのような会話をかわすことはなかった。用件は芸にかかわることで、ほかの雑事ではないのだから、単刀直入に本題に入ってもよかったのだ。慎重かつ細心な圓生さんということで、私も少々ウォーミングアップが過ぎたように思う。付き合ってみればみるほど、圓生さんは芸にかかわることには卒直なひとだったし、卒直に言われることを望んだ。師匠の芸をレコードにしたい、といきなり言ってのけてよかったのである。しかし、この日の遠まわりが無駄だったとは思わない。初日はこんなものだ。

「で、あなたのお話てえのは、なんです」

圓生さんは切りだした。ならば、マクラはこれにて終了、と私も態勢をかえた。私の来意は、圓生さんも知っているはずだ。だから、話はなんです、という問いは、いわばマクラと本題とのブリッジである。知っているはずだが、私はあらためて初めから話をはじめた。電話は電話、対面のうえ改めて〝イロハ〟の〝イ〟のところから話すのが、もとより礼節というものではあろう。

「人情噺のLPレコードを私どもで作っていただきたいと考えまして、そのことで本日はうかがいました。落語のレコードは世の中にだいぶありますが、人情噺、とくに長編のものはレコードがありません。『真景累《しんけいかさね》ケ淵《がふち》』や『牡丹燈籠』のように世間にその名を知られ、文学としても評価されているものがレコードになっていないのです。二枚や三枚のレコードではすまない企画のため、企業が二の足を踏むのでしょうが、これは大きな穴場だと思います。思いきって、これらの作品である程度まとまったレコードを作ってみたいと思います。これは間違いなく後世に残るものですし、また、作れば大きな話題となり、高い評価をうけると思います。いかがでしょう。私はぜひやっていただきたいのです。この企画は師匠をおいては考えられないものです」

圓生さんはすっかり真顔になり、身じろぎもせず、そして、うなずきもせず、じっと私の話を聞いている。身体をいくぶん前かがみに乗り出し、耳を私のほうにやや突き出して、心持ち上目づかいの姿勢をとっていた。

あれ、少し耳が遠いのかしら、と私は思った。年齢を考えれば驚くにはあたらないことだが、私にはかすかなショックがあった。老眼鏡は中年でも用いるものだから、初めてそれをかけた横顔を見たとき、私はむしろ親しみのようなものを覚えた。そして眼鏡をはずせば、そこには青年のような瞳がある。

しかし、耳の老いは、耳の老いたひとのポーズは、圓生さんには似合わない。全体が若く見えるだけに、そのポーズはひどく気になるものだった。

私の話を聞いている眼はするどい。だが、私は初めて見た圓生さんの老いのイメージを振り払うように、少しずつ声の調子をあげていった。

駆け引き

「レコードは、これまでにいくつか作りました」

圓生さんは卓上ライターで紙巻きタバコに火をつける。

「ビクター、それからキング、コロンビヤ」

コロムビアを圓生さんはそう発音した。

「師匠のレコードでは、ビクターの『三遊亭圓生　十八番集』がいちばん大きなものでしたね。LP三枚の組み物が上中下三巻、都合九枚分。ほかの会社のは、二、三枚どまりですね」

「ええ。ビクターの『十八番集』は、あたくしのと文楽さんのとをまず拵《こさ》えたんです。当たったというので、正蔵と小さんもやりました」

ビクターの『十八番集』シリーズは、先行した八代目桂文楽、圓生のものが昭和三十八年ごろ、数年おくれて八代目林家正蔵（彦六）、五代目柳家小さんのものが出た。いずれも放送録音や記録録音を集めたのではなく、レコードのためにスタジオで制作したものである。

それまで落語のレコードといえば、散発的に人気演者の有名演目をおさめた低価格の一枚ものが、二、三の会社から極くわずか発売されているだけだった。名人、上手、芸達者、個性派がひしめいていた昭和三十年代前半は、ラジオ東京（のちのTBS）を中心に落語は放送を賑わせていたが、レコードはほとんど作られていない。

そんなときに作られた『十八番集』は画期的なもので、落語レコードのその後のありかたを示した名企画だったと思う。装幀も紬の布張りケースで文字は金箔押し、品格のあるものだった。当初は五代目古今亭志ん生も案の中に入っていたが、三十六年十二月に志ん生が病いにたおれ、録音は実現しなかったという。

「筑摩書房からソノシートっていうのも出しました。これは飯島友治さんの企画でした。どの会社も人情噺はやりたがらなかったですねえ。人情噺はどうも……、売れないでしょうから……と言うんです。あたくしはやりたいと思って持ちかけてみるんですが、〝売れない〟と言われちゃア、こりゃどうにも仕方がありません。レコード会社のほうからやりたいというのは、これが初めてなんですが、どうなんです？　いくらか売れますか」

圓生さんはじっと私のほうを見た。この話に乗ったものかどうか、見定めようとするかのように、その眼はするどく真剣だった。

ふつう演者の側からは、売れ行きについて触れたがらないものだ。仕事を持ちかけられれば、自分に多少不安があっても、それに乗っておくのが芸のひとの生き方、少なくとも習性というものである。圓生さんのような問いはめずらしい。

こんな場合の答えは、そう簡単ではない。おっしゃるとおりです、売りにくいと思っております……という答えは、もちろんしない。それでは何をしにここまで来たのかわからない。……大丈夫です、御心配御無用、絶対売れます、私どもなら売ってみせます、と浅く軽く請け合えば、古典芸能という一筋縄ではいかない分野に対して、いかにもチャランポランにみえる。それに、まだ売りものの買いものの駆け引きが始まったばかりの段階で、足元を見せてしまうことにもなる。私自身の個人的なやる気や情熱を、いったん取りはずして答えなければならない。

「売れないことはないと思います」

歯切れのよくない切りだしで、私は話し始めた。

「この企画の特色、値打ちについては、さっきお話ししました。師匠のレコードを買うひとは師匠のファンです。ファンは師匠の芸をよく知り、うやまっています。師匠が人情噺系の噺の第一人者であることをファンは知っています。違う言い方をすれば、ファンは、そういう師匠が好きなのです。ところがどうでしょうか。長編の人情噺を聴く機会は、東京のファンであっても、ごく限られています。何年にいっぺん、それもごく断片的なチャンスしかありません。師匠のファンなら、この企画を待ち望んでいると思います。それに格別師匠のファンでなくても、長編の人情噺をある程度まとめてレコード化すれば、文献として求めるでしょう。とはいえ、一般的な観点からすれば、特殊なレパートリーであることも事実ですから、不安がないわけではありません」

「独演会で、あたくしは好んで人情噺を一席いれておりますが、お客様はよろこんでくださいます。毎年の『圓朝祭』では、二、三席人情噺が出ますが、お客様はそれがお目当てでいらっしゃる。ですから、あたくしもね、人情噺のレコードを作って売れないことはなかろう、会社に迷惑をかけることはあるまい、とかねがね思っておりました。御縁のあった会社にお話はしましたが、さきさまがおやりにならなければ、こりゃアどうにもならないというわけで……」

これは事実上内諾のことばだと私は思った。だが、圓生さんはそれ以上踏みこんだ答えをしようとはしない。では、やっていただけますね、という私の問いに対しては、

「ええ、まァね、よく考えておきましょう」

と即答をさけた。

「あたくしも今、レコードをどうしても出したいってわけじゃアありません。そちらにしても御同様でしょう。あたくしのレコードがないと困るというわけじゃァない。流行歌手

じゃないんですから……」

私は話を切りかえてみた。はっきりした返事は無理でも、もっと濃厚な内諾の確認をして帰りたい。それは必要というより、意地のようなものである。私は十五年前の思い出話をした。

昭和三十三年、私はまだ高校生である。八月三十一日の夜、日本橋の白木《しろき》ホールで『圓朝祭』の公演があった。このホールは白木屋百貨店のたしか七階にあった。江戸以来の暖簾を保っていたこのデパートは、当時すでに東急系列に入っていて、のちに東急百貨店日本橋店と名まであらためてしまう。三十一年から渋谷・東横百貨店の東横ホール、のちの東横劇場で東横落語会がスタート、三十二年夏からその番外公演で『圓朝祭』が行われた。そしてこの三十三年の『圓朝祭』は、東横ホールの改装かなにかの理由で、同系列の白木ホールに高座が移されたのである。

当日のプログラム。

南瓜屋　　柳家小さん
夏どろ　　三遊亭小圓朝
蛇含草　　桂三木助

真景累ケ淵――水門の場　林家正蔵

――休　憩――

怪談乳房榎　三遊亭圓生

船徳　桂文楽

業平文治漂流奇談　古今亭志ん生

下座　須賀まさ

橘つや

若手落語会

圓生さんの『乳房榎《ちぶさえのき》』がこの日の白眉だった。ほかでは小圓朝の『夏どろ』がキメのこまかい絶佳の掌篇だった。正蔵の道具を使った芝居噺は景物として眼に残り、小さん、三木助、文楽は、とくにこの夜、というほどではなかったが、自家薬籠中の演目だけのことはあったように覚えている。志ん生はほとんど記憶にない。出来がよくなかったのだろうか。半可通時代の遠い記憶なので断言はできないが。

『乳房榎』。この夜の場面の主人公、絵師菱川重信は、江戸西郊落合の土手へ蛍狩りに行き、妻きせに恋慕した弟子磯貝浪江の闇討ちに遭う。「四条の橋」を口ずさみ、ほろ酔いで土手を歩く重信。供の正介と、私たち客席の聴衆は刺客の待ち伏せを知っている。トロリトロリと口ずさむ小唄がじわじわと緊張をたかめ、節間《ふしま》に、

「あァ、よい心持ちじゃ」

とひとりごちては気をもたせ、

「オッ」

と小さく叫んで聴き手をハッとさせ、

「石が出ておる、正介、気をつけろ」

と、いったん緊張をそらせたり、心にくいばかりの運びでホール全体をつかみきり、手に汗をにぎらせたのであった。

私は巨大な感動にゆさぶられる思いで外に出た。日本橋から神田松住町、のちの外神田二丁目まで、都電十九番系統の便はあったが、私は三十分かけて、ただただ歩いて帰宅した。秋雨をおもわせる季節はずれの冷たい雨の夜だったことは今も忘れない。

志ん生の『業平文治』を思い出せないのは、この『乳房榎』のあとだったからなのかも知れない。私はしばらくの間、この日のトリは圓生さんだったと思いこんでいたほどなのだ。

「あのときは初演ではなく、たしか再演だったと思いますが、我ながら出来はよかったと思います。批評でもほめられました」

御本人の死後、私が写させてもらった圓生さんの「話の日記」には、この夜の公演評が「週刊朝日」に載り、圓生さんの高座写真が大きく入って〝優れた圓生の描写力〟と見出しがついていた、と書きとめられている。

「あの噺は速記の『圓朝全集』から自分で練りあげたものでして、教わったものではありません。〝四条の橋〟を唄うのはあたくしの工夫で、原作にはないんです。あれは大石内蔵助の作詞といわれていますから、武家の出の重信が唄うにはふさわしいと思いましてね……」

圓生さんはだんだんのってきて、熱っぽく話し始めた。芸のこととなると熱中し、会話にはずみがつくようだった。

圓生の名

しばらくは人情噺談義がつづき、そのなかには芸談もふくまれた。ところで……と、私は話を引き戻した。

「収録演目は、……もちろん、この仕事が実現した場合の話ですが、やはり一般にもその名を知られ、師匠もおやりになっている『真景累ケ淵』と『牡丹燈籠』ということになり

ましょうか。それに『乳房榎』も加えたら、と思います。いずれにしても圓朝の作品です
ね。聴きどころを集めて一巻の組み物にするか、それとも上下二巻、あるいは中をいれて
三巻、そんなまとめ方にしてみたいと思います」

「そうですね、まァ、やるということになれば、そんなところでしょうが……」

圓生さんはちょっと改まった。

「題名はどうなさるんです」

「……？」

「そのレコードには題をつけましょ？　それはどういうことになります？」

「それはこれから決めます。内容次第ですから」

「圓朝の作品を集めるからといって、圓朝を看板にしちゃアいけませんよ」

「と、たとえば〝圓朝名作選〟のような題では、ということですか」

「そうですそうです。それじゃアあたくしは困る。圓生の名前で題をつけてください」

「それは私もそういうつもりでおります。圓朝の作品を揃えるということは、企画のひと
つのスジですし話題性もありますから、謳い文句や書き出しにはいたしますが、題名、メ
インタイトルには師匠の名前を使わせていただくつもりです」

「それならよろしうございますが……。あたくしは、そりゃ圓朝大師匠《おおししょう》を崇拝しており

ます。あたくしが生まれた年に亡くなった方ですから芸はうかがっておりませんが、名人だったことは間違いありません。あたくしは圓朝門下の名人四代目橘家圓喬なぞを聴いておりますし、いろいろな逸話から推しはかっても、うまい方だったろうと思いますよ。それればかりでなく、あの創作の才能というものは、こりゃ圓朝以後の噺家が束《たば》になったって足元にも及びません。しかしまァ、生意気なことを言うようですが、お客様は作品より演者を聴きにいらっしゃる。圓生を聴きにいらっしゃるんです。そりゃ、なかには作品を聴こうという方もあります。でも、そういう方も、圓生がやるから聴きに行こう、という……。ね？　いかに名作でも、演者がセコじゃどうにもなりませんし、また魅力というものがない。やはり力のある演者が自分なりの独自な工夫をし、ただ古いまま後生大事にやるというのではなく、自分のものにしてやらなくては、今のお客様はついてこないとあたくしは思いますね。今のお客ばかりでなく、どの時代だって同じでしょう。ですから、レコードは圓生の名前で売れるんです。圓朝では売れません」

さらに圓生さんは、いささか自分の論理に酔ったように付け加えた。

「圓朝の名で売ろうというおつもりなら、この仕事はお断りいたします」

駆け引きの一端とは思えなかった。圓生さんは真顔だった。それにしても見事な自己主張、すばらしい自信。私は後にも先にもこれほど強烈なプライドの宣言を耳にした覚えはない。

分野をとわず、舞台に立ち、客席に技芸と己れを問い、ひとかどに達するほどのひとは、平々凡々かつ円満の常識人ではない。人間性のどこかの部分に、規《のり》を超えたところをもつ。そこにまた、人一倍のエネルギーの源泉があるのかも知れない。私が体験したかぎり、すべての舞台人がそうであった。もっと過激なことばや、手に負えない駄々を言われたこともあった。しかし、この圓生さんの発言ほど水際立った自己主張は聞かない。

圓生さんのことばは、ただ鮮明な自己主張というだけのものではない。客観的な妥当性が確《しか》と裏打ちにあって、それがうわべの語調をはるかに上回る迫力を生み出している。

あらゆる再現芸術、話芸でも演劇、音楽、舞踊でもそうだが、作品そのものとその再現、つまり、作品と技芸を切り離して考え、乱暴を承知で択一すれば、再現芸術の鑑賞者にまず直截にはたらきかけるのは、作品ではなく再現、つまり芸のほうだ。作者ではなく演者である。訴えの第一のヘゲモニーは作品、作者ではなく演者が握っている。

圓朝ではない、六代目圓生、ということなのだ。

これは新しい発見でもユニークな見解でもない。いわば常識だろう。だが、それを御本尊の圓生さんの口から、かくもじっくりと、しかも端的な表現で聞こうとは思わなかった。

ここに、さまざまに言われ書かれ、いささか狷介《けんかい》な名人像に固められた観のある六代目三遊亭圓生というひとを考える上での大きなポイントがある。

私は、こういうことをズッケリ言ってのける圓生さんの人柄を、好きだとは言わないが、決して嫌いではない。さわやかであるし、むしろ敬服する。相当な高みにまでのぼったひとから妙に屈折し、衒《てら》った言を聞くのは気持ちが悪い。

しかし、どちらかと言えば、その棲む世界において、圓生さんは異端に属すのだ。

なァんです、三遊亭のあの言い草は。シャレになりやせんよ——。

そんな反応がすぐ聞こえてきそうな気がする。

傲慢で冷徹でキザで、早い話が芸人らしくない、と言われそうな圓生さん。でも最長老で、最高位で、芸がいいから誰も文句が言えない圓生さん。そんな周囲の思惑を知ってか知らずか、高座をおりた社会人としては演技力に乏しく、楽屋のうちそとでの社交や政治性に欠ける圓生さん。

私は、この題名についての問答のなかで、人間圓生の核心にふれた思いだった。そして圓生さんの締めくくりのことばに、婉曲居士のなかにひそむ熱い直情をも見たのである。

題名の件にはもともと双方の考えに大きな隔たりがなかったので、それ以上話すことはなかった。いや、もはや全体についてこれ以上話をすることはない、と私は感じた。

題名についてこれほどの情熱をみせたことで、圓生さんのやる気は充分に見てとれたのだ。この上さらに即答を引き出すよりも、圓生さんの貫禄のために時間的余裕を設けようと思い、私は長座をわびて立ちあがった。

「こちらこそお引きとめをいたしました。あたくしもひとつ考えてみます。細かいことは出口という男がおりますから、話をしてくださいまし」

圓生さんは玄関で私を見送った。高座では、過ぎるほどに大きく美しい型を見せ、落語の様式美さえ感じさせる圓生さんなのに、日常生活の儀礼は得手でないのか、別れぎわの挨拶はなんとなくヒョコヒョコとしてぎこちなかった。

「失礼いたします」

「ごめんくださいまし」

圓生さんの声を聞きながらもう一礼してドアを閉めかけると、内側から全生くんが手をそえた。ドアがしまると、そこはもうなんの変哲もないマンションのエレベーターホールである。別れぎわ、圓生さんが見せた意外と初心《うぶ》な風情に私の心はなごみ、親しみさえ感じたのだった。

出口さんの拳

民間ラジオ局の草創期に、ラジオ東京の演芸プロデューサーとして落語王国を築き、テレビ時代のTBSまで活躍した出口一雄《でぐちかずお》は、定年後、有限会社デグチ、通称デグチ・プロを興して社長となり、多くの芸人を取りしきっていた。

事務所があったのは新富町で、のちに同じ町内のビルに移転したが、私が初めてたずねたころは狭い路地に面した木造家屋の中であった。完全に仕切られてはいたが、ひとつ屋根の下に印刷か製本の業者が入っている、ごく小さな事務所だった。

女っ気はまったくない。篠原さん、水野さんという二人のスタッフがいた。初対面の日、出口さんは奥のデスクの前になんとも無愛想な顔をして腰かけていた。スタッフのひとりと碁だか将棋だかに興じていたのは、人気者の月の家圓鏡、のちの八代目橘家圓蔵である。高座そのままにたいそう騒がしく賑やかだったが、出口さんはまったく無関係な顔をしている。ほどなくして圓鏡さんはあわただしく出て行ったが、去りぎわ、一面識もない私に向かって、

「デグチ・プロとどんどん仕事をしてください。もうかりますよ！」

と愛嬌をふりまいた。その声音と口調がコマーシャルのスポットのように耳に残った。三年ほどあとに出口さんが急死すると、二人のスタッフは圓鏡さんの一八プロダクションに身を移す。

出口さんはなんともぶっきらぼうに名刺をくれた。低い声で「出口です」と名乗った

が、まるでうなったようだった。疲れているのか具合が悪いのか、挙動はひどく大儀そうだったが、顔の色艶はよく、それは奇妙な対照をなしている。出口さんは圓生さんから話は聞いて、あらまし心得ているはずだった。

「うん、三遊亭から聞いてる」

ボソッとした調子だったが、なめらかな東京ことばだった。

「いい話だと思う。三遊亭も気はある」

出口さんはフッと小さく溜息をついた。入れ歯の具合が悪いのか、癖なのか、下顎をわずか左右に動かした。口調が荒いのは、あるいは照れ屋の性分から来たものかも知れない。出口さんの視線はそれ気味だった。のちにもっと親しくなってからも、視線がそれることは間々《まま》あった。

「CBS・ソニーってのは新しいんだろう。テレビのソニーとはどういう関係なんだ。あァそうか、CBSとの合弁。伸びているそうだな。若い者の歌が多いんだろう」

口のきき方は横柄のようだが、こちらの言うことにはよく耳を傾けている。ときどき視線があうと、その眼はやさしく、ひとなつこかった。東京っ子のひとつの典型的なタイプに見える。

「ビクターでやったのは十年前だ。あれはあのとき限りの仕事だから、今度のことになにも差し障りはないんだ」

「あの一連のレコードも、出口さんが関与したんですか」

「うん、ありゃアたいへんだった。三遊亭が細かい註文をつけたのはまァいいとして、黒《くろ》門町《もんちょう》がな……」

「文楽さんも神経質なんでしょう」

「気が小さいんだ、あのひとは。失敗しちゃいけないっていうんで、堅くなる。終わるとぐったりしてな。かわいそうだった」

「圓生さんはやはり相当細かい註文をするんでしょうね」

「とにかく芸熱心だ。凝り性なんだ。付き合うには骨が折れる。だが、とにかく芸はいい。今は一番だ。だから今度の話は俺も賛成なんだ」

出口さんは置き放しの湯呑みを手にとると、グビリと呑んだ。酒だった。かたわらに一升びんがあるのに、私は初めて気がついた。大儀そうな所作と血色のよさの理由はこれだった。

「三遊亭の芸もひところちょっと低調だったが、またよくなった。あの齢で盛り返すんだから、たいしたもんだ。陛下の前でやったし、のってる。黒門町には三遊亭ほどの間口がなかったし、その黒門町ももういない。今は三遊亭の天下だ。レコードのタイミングとしてはいいな。それに人情噺ッていうのもいい」

出口さんのエンジンはだいぶ馬力があがってきたようだった。陽春の日差しが路地に差してきたとみえ、窓がひときわ明るくなった。おやつが終わった時刻か、子供たちの遊び声がしきりと聞こえてくる。

「だがな」

出口さんは右手でぐっと拳《こぶし》をにぎると、私の前へ突き出してみせた。

「三遊亭は、これだ」

その意味はすぐにわかった。わかっただけに、反応をひかえて次のことばを待った。

出口さんは小さく息をつき、もうひとつの湯呑みに一升びんから酒をそそいだ。

「まァ、飲め」

昼の茶碗酒

昼日中《ひるひなか》の酒は得手ではない。酔いが自分の身体のなかにしっくりとおさまらない。気のせいなのだろうか。

しかし、出口さんのすすめは断りかねた。会社へもどっての事務仕事も頭をかすめたが、ままよ、と受ける。それでも最初のひとくちはなめるように小さく飲んだ。

「こいつが」

出口さんはもう一度拳をにぎった。

「疵《きず》だな」

私はもうひとつ反応をひかえた。きのう今日の縁しかない私が、圓生さんとの付き合いも古い出口さんと問答のなりたつ話題ではない。しかし鵜呑みにするのもはばかられる話である。タバコをやらない私にとって、酒の湯呑みは天の与えでもあった。ふたくちめを飲んで私は充分に間《ま》をつないだ。

「金についちゃアやかましいんだ。仕事を持っていくと、ところでそれはおいくらいただけるんです？　とすぐギャラの話になる。俺がもっていく話だから悪いようにはしないんだ。だから、そんなことを言わなけりゃいい。ギャラの交渉をキチンとするのは当たり前のことなんだが、芸人の世界ではあんまりそういうことを最初《のっけ》から言わないほうがいいんだ。俺はあのひとの気性を知っているからいいが、初めての相手にそれをやると、三遊亭にとって損だ。あれくらいの地位になったら、金のことは知らん顔をしているほうがいい」

「でも、金銭的なことは初めからスッキリしているほうが仕事がしやすいですから、私はむしろ歓迎です。それよりギャラの相場が気になります。高いんですか」

「高い。高くなった。近頃は偉くなったしな。でも高いったって、何十年も仕込んだ、あれほどの芸なんだ。ほかの世界の駆け出しのタレントって奴にくらべたら、申し訳ないくらいに安いもんだ」

「今度の仕事、相当なギャラを覚悟しておくべきですか」

「うん……。だが、そんなに大ごとに考えることもない。三遊亭もやっぱりむかしの芸人だ。今の奴らとはちがう。自分が心底やりたい仕事となれば、高い安いは言わない。あんまりひとは知らないが、そういういいところもある」

その後数年にわたる仕事のあいだに、私は圓生さんの金銭感覚を知ることができた。私は拳をにぎってひとに見せようとは思わない。だが、出口さんは圓生さんの性格を理解していなかったわけではなく、あの動作は簡明直截な出口流の表現によって金銭的トラブルが起きないよう先手を打ったのだと思う。

たしかに圓生さんは、ギャラについては原則タカ派だった。ギャラは芸に対する対価である、へりくだる必要はない、という考え方だった。あえて安く働いて庶民的芸人としての評価を得るなどは本末転倒、と思っていた。旅興行の汽車もグリーン車を要求した。芸人なんだから普通車でいいんだ、という仲間なにがしの考え方を圓生さんはキッパリ否定した。

　圓生さんは派手に酒食をふるまったりはしない。だからケチに見えることがあったかも知れないが、後進の昇進祝いなど、祝儀不祝儀のきまりきまりには立派なお金を使った。これにはお内儀《かみ》さんの内助も大きかったようだ。

　また落語協会の会長時代、会の基金はみんなのお金だからといって、あまり手をつけたがらず、会長としての当然の交際費にも自腹をきったと聞く。

　一方、芸については投資家で、昭和二十年代にラジオ東京に金を借りてテープレコーダーを買ったし、文献、古地図、そして、とくに高座で着る着物や帯のコレクションは、たいしたものだった。

　金の使い方が、芸人一般と少々ちがっていたことは確かで、しかも自分の節は曲げず、一般の風潮になびくこともあえてしなかったから、付き合いにくいひとであったことはたしかだろう。

「三遊亭はこの話にはのっている。だから、決してわからないことは言わないと思う。三遊亭も人情噺には自信があるし、それをレコードにしたいと思っていたんだから、嬉しいはずだ。だが、売れるかどうかだ。三遊亭も心配はしていた。俺は、大売れはしないまでも失敗はないと見てるがな……」

「私もそう思ってます。ある程度成功するつもりです」

「だが、こいつばかりは絶対とは言えない。だから三遊亭にもよく言っておく。商売ずくで考えないように、ってな。会社のほうもそのつもりになってくれ。この機会をのがしたら、人情噺のレコードは二度と出来ないような気がする。それじゃァ惜しいんだ」

出口さんは空になった自分の湯呑みを満たした。そして一升びんを下へ置かずに私のほうへ突き出す。三分の一ほどまだ酒が残っている私の湯呑みをチラリと見て、ちょっと不満気に言った。

「遅いな」

残りを飲みほして、出口さんの酌をうけた。酒は湯呑みの上にふくらんだ。

「三遊亭は芸の虫だ。ほかのことはわからない。金のことやなんかは内儀《かみ》さんと話したほうがいい。あの内儀さんは話がわかる。俺もなるたけ内儀さんを話にかませるようにしているんだ」

私はギャラの予算を提示した。ＬＰレコード一枚につき二十万円の吹込料。出口さんはちょっと渋い顔をしたが、とにかくそれで三遊亭に話をしてみよう、と請けあった。

「三遊亭は芸についてはきびしい。註文は多いよ。ギャラなんぞより、そっちのほうが本当はたいへんなんだ。放送局時代から俺も苦労した。三遊亭との仕事は他の若い奴にまかせるわけにゃアいかなかった。そのかわり、結果はいいから、骨は折れるだろうが音《ね》をあげずに付き合ってやってくれ」

私は腰をあげた。酒がまわってきて、けだるい気分だった。狭い路地の短い日盛りはすぎて、窓の外はにわかに夕暮れを思わせた。

「もう帰るのか」

これ以上いたら帰れなくなってしまう。物足りなそうな出口さんを残して、私は外へ出た。広い通りに出るとまだ明るい。傾いた日が酔った眼にまぶしかった。
二、三日して出口さんから電話があった。
「話はついた。三遊亭はぜひやりたいと言ってた。構想を立てはじめている。こいつはほんものだ」

「ギャラは？」

「満足ってわけじゃないが、あの線でまとまった。予算通りだ。俺もよく説明はしたんだ。相場より安いが、一枚こっきりの仕事じゃアなし、初もので、むずかしいからってな。三遊亭も、これは金ずくの仕事じゃないからと言ってた。珍しい」

私は出口さんに厚く礼をのべた。圓生さんが芸中心にものを考えているということも嬉しかった。ひとと潮どきとに恵まれたのだろう、さしたる障害もなくここまで漕ぎつけたのは嬉しかったが、少しうまくいきすぎているようにも思えた。

「まァ、とにかくよかった。だが、ちょっと相談しなくちゃならないことが出来た。俺に決められることじゃない。電話でもいいんだが……、まァ会って話したほうがいい」

「どういうことかわかりませんが、あとに持ち越すのも気がかりです。都合をつけます。今日これからうかがいましょう」

「来てくれるか。すまない。うん、夕方がいい。待ってる」

いささかの勇気

出口さんはつくねんと待っていた。出払ってほかには誰もいない。素面《しらふ》とみえて、顔色は白っぽかったが、先日よりは健康そうな感じがした。

「呼びだしてすまない」

「いいえ、三十分もあればこられますから」

「会社はどこだったっけ。六本木。どのへんなんだ。三丁目？　そう言われてもわからない。どうも近頃のあの丁目ッてやつは」

「昔の町名でいえば三河台町です。だいぶ飯倉へ寄っていますけど」

「それなら近い。いや、俺の住んでるマンションは六本木なんだ。交叉点から福吉町のほうへおりる左側だ。じゃ、今度は俺が会社へ寄るよ」

秋口には市ケ谷見附に新社屋が完成するので、スタジオなどを残してほとんどの部門が六本木を引き払う、と言うと、それならなおのこと近いうちに立ち寄る、新富町へは毎日嬶《かか》ァの運転でかよっているから、その途中に寄る、としきりに言った。

出口さんは湯呑みをふたつ用意した。

「私どもの会社へおみえになっても、酒はありませんよ」

出口さんは、そりゃそうだ、と言って苦笑した。その後も出口さんはよく訪問の意向を口にしたが、とうとう一度も来たことはない。

「たった今、魚河岸《かし》の者が鮪の中落ちをもって来てくれた。ちょうどいい」

透明なビニール袋に詰まっているのを箸で引き出して、小皿の醬油につけて食べるのは、猫の酒盛りのようでゾッとしなかったが、鮮紅色の冷えた刺身は新鮮ですばらしくうまかった。

「三遊亭がな、のったのはいいんだが、ちょっとのりすぎちまった」

「と、言いますと？」

「録音するネタがふえてきたんだ。どうせやるなら、あそこも、ここも、というわけだ。

『累ケ淵』は発端の〈宗悦《そうえつ》殺し〉から、〈聖天山《しょうでんやま》〉あたりまで通しでやりたいと言うんだ。〈聖天山〉は『累ケ淵』の真ン中くらいだろう。つまり聴きどころだけじゃなく、ふだんあんまりやらないところもいれて、通しにしてみたいというわけだ。三遊亭の気持ちはわかる。いかにも考えそうなことだ。だが、そうなれば『累ケ淵』だけでも、LP五枚や六枚じゃおさまらないかも知れない。どうする？　あんまり大きなものになっちゃ困るんじゃないかい」

この段階では、まだ枚数についての確定した考えは、私にも会社にもなかった。まずは内容次第ということである。しかし、およそ五枚か六枚の組み物で、定価は一万円くらいと考えてはいた。そのころまで、落語など大衆芸能もののLPレコードは低価格商品だった。音楽レコードが二千円から二千五百円なのに演芸ものは千円から千五百円が相場だった。ビクターの『十八番集』のようにしっかりした内容の物でも、組み物ということもあってか、三枚組三千円で売られていた。

私はこういう価格の差別には疑問をもっていた。どうして演芸は音楽より安いのか。それは制作費が安くあがるという理由だけでは説明出来ない。当時からレコード業界にとっては音楽がメインストリートにあり、その他の芸能は、その頃まだ充分な市民権を与えられていない。レコード会社は音楽中心主義で、芸能全般を見渡す必要を感じていなかった。何のジャンルであれ、すぐれた芸に時間と労力をそそいでレコードを作り、それに見合った価格を定める、という王道ではなく、裏道、枝道でのレコード作り。それが、演芸ものの置かれた立場だったのだ。

私は天下の圓生のレコードをそんなふうにしておきたくなかった。落語レコードの地位を正当なところにまで高めたい。それは圓生さんなら出来ると思った。しかし、圓生さんもふつうの落語のレコードは、もう何枚か作っている。それと大同小異の線をねらったのでは、この作戦は失敗するかも知れないが、人情噺なら価格革命の先陣たりうるだろう、と考えたのである。

そこで一枚あたり二千円の線をねらい、五、六枚もので定価一万円という目安をたてたのだ。しかし『累ケ淵』だけで、もし七、八枚となれば、『牡丹燈籠』などを加えると十枚組以上になるかも知れない。すると定価は二万円くらいとなる。今度は総額が高すぎはしないか、という問題が生まれてくる。これは誰でもすぐ考えることだ。

出口さんの懸念もそこにあった。かりに二巻、三巻と分割してみても、全体の規模が二倍、三倍になることに変わりはない。

ここは大きな考えどころだった。会社へ持ち帰って営業部門などと相談をすべき事柄である。しかし、私はここで、あえてひとつの逸脱をした。今ここで、自分の裁量で返事をしてしまおう、その結論を持ち帰り、会社の結論としてまとめてしまおう、と私は心に決めた。

これは結果が吉に出たにしても、一種の反会社的行為であるには違いない。だが、制作という職種は、ときにこんな場面に出会う。そのとき、いささかの勇気がその制作者にあるかないか、そして企業にそれを受けとめるふところの深さがあるかないか。これでものごとがふくらむか、しぼむかが決まるのだと思う。

このとき私を支えていたのは、圓生さんの『真景累ケ淵』の〈豊志賀の死〉を、『牡丹燈籠』の〈栗橋宿《くりはしじゅく》〉を、『乳房榎』の〈重信殺し〉を聴き、そのすばらしさを身にしみて知っているのは、はばかりながら会社のなかで私一人だ、という自負であった。しかもその時、私の目の前のひとは、落語の世界で腕をふるい一時代を築いたつわもの、昔気質な意気のひと出口一雄だったのである。

「そうか、わかった。それならもう、俺はなにも言うことはない。なにぶんよろしく頼む。三遊亭の熱を冷やさないことだ。きっといいものになる」

「不安はありますよ。宣伝活動に圓生師匠が大いに協力してくださらないと、私の立場もなくなるかも知れません」

「そりゃア大丈夫だ。三遊亭は自分ののった仕事なら、宣伝でもなんでも骨惜しみはしない。また俺もそうするように口添えする」

出口さんは肩の荷をおろした気分なのか、

「少しノセよう」

と私を連れ出した。のせる、とは楽屋のことばで食事をすることだ。近所のいかにも下町風の小さな洋食屋へ入った。出口さんは〝顔〟らしい。

「内容については、もう三遊亭とじかに話してくれ。俺に遠慮はいらない」

出口さんは割り箸でコロッケをつつきながら、それでもまだ日本酒をチビチビと舐めていた。

闇のなかの名人芸

あくる日、会社で規模拡大の是非をはかった。別段抵抗はなく受けいれられ、やってみましょう、という意見が大勢を占めた。落語の世界にくわしくない人間にとっても、圓生という名前は大きく、神通力のあるものに思えたのだろう。

創業六年目で会社そのものが新しく、まだ意識が先入主に支配されていない、ということも大きかった。キャリアのなさの良い面である。それに若い同僚の市橋茂満くんが、この分野の確立に情熱をもっていて、社内の説得にたいへん助力をしてくれた。制作部長の韮塚敏夫さんはこの分野に興味と理解があって、人情噺だけにとどまらず、将来考えられる圓生さんとの落語の企画についても、私に全権を託してくれた。その後、十年を経ずしてこの二人は会社を去ってしまうのだが——。

企画内容の詰めのために圓生宅を再訪したのは、四月二十日すぎだった。圓生さんはやはり机の前に正座してなにかをしている。声をかけると、こちらをふりむき、この日はすぐに応接間へと出てきた。

「『累ケ淵』がだいぶふくらみそうだと聞きました」

「ええ、そうなんですよ。ま、この仕事をやるということになれば……」

圓生さんはまだ、気をもたせる言い方を手元に残していた。駆け引きのつもりだとしたらほほえましい。もうこの期に及んで、その必要はないはずである。だが私の訪問もまだ二回目、手放しの印象を与えたくなかったのだろう。それくらいの間合いを置くのは、明治びとの流儀なのかも知れない。

「あたくしも齢ですしねえ、キチッとしたものを残したいと思います。あとで、あそこもやっておけばよかった、ここはこうしておけばよかった、なんという、幽霊じゃないが気が残る仕事にはしたくないんですよ」

「やるからには中途半端なものにしたくありません。全体が大きくなり過ぎたら巻を分けるとか、それは私どもで考えます。『真景累ケ淵』全編通してくださっても結構ですよ」

『累ケ淵』『牡丹燈籠』などの怪談噺や、道具、背景、下座をつかう芝居噺、あるいは素《す》噺《ばなし》の人情噺、と種別はあるが、笑いより世態人情の活写を目的とする噺を人情噺という。長編の、続きものの人情噺は、昔の十五日単位の寄席興行で、トリをとる真打が、連続口演するように作られている。だから、ヤマ場もあればダレ場もあり、筋通しのためだけの個所もあって、全体を見渡すと辻褄のあわないところがあったりもする。

「いいえ、全編はやったこともないし、またやっても仕方がないと思います。発端の〈宗悦殺し〉から〈聖天山〉まで、というと、ちょうど『累ケ淵』全編のなかばまでですが、ここまでは筋も一貫しています。怪談らしいのは豊志賀とお久の件《くだり》くらいのものですが、とにかく筋は通っています。ところが〈聖天山〉のあとは新しい人物が大勢出て来まして、筋も敵討ちものになってしまうんです。ですから、やるのは〈聖天山〉まで。そのかわり、抜かずにみっちりやりたいんです。演者の力の見せどころというような、むずかしいが、やりがいのあるところがいくらもありますしね」

圓生さんは腕を撫《ぶ》すように語った。

「〈聖天山〉までで、どれくらいになりますか。LPレコード一枚五、六十分として」

「それがねえ、はっきりとは言えないんですよ。ふだんやっていないところもあるでしょ。放送で一度連続口演をしたことはあるんですが、これは時間の枠がありましたし、ひと晩一席の読み切りですから、毎度、そこまでの荒筋をふりますのでね、厳密には参考にならないんです。レコードってのは、六十分までしか入らないんですか」

「標準としては五十五分くらいです。でも、話芸は音量の大きなものではありませんから、七十分を超えることも可能です。音質の面などを考えれば、長くならないほうがいいのですけれど」

「それくらいの自由があれば、レコードごとにいい切れ場をつくれますね。それにあまり時間にせかされずにやれます。初めから時間制限があってせせこましいと、どうも登場人物になりきれません。あたくしは元来が無器用なほうですからねえ。……さて、そうなると、〈聖天山〉まででおよそ七枚、いや八枚くらいでしょうかねえ」

「『牡丹燈籠』と『乳房榎』はどうしますか。やはりかなりのところまで通しますか」

「いえいえ、『乳房榎』はもう、重信の霊が絵を描きあげるところまでですよ。あれから先はやはり敵討ちになるし、十二社《じゅうにそう》の滝に重信の霊が現われるところなんぞ、芝居にすれば見せ場でしょうが、噺では荒唐無稽ですよ。だいたいあたくしは、浪江が蚊帳のなかでおきせを口説くところをやりたくて、あの噺を速記から復活したんです。文楽さんにそう言ったら、お前さん、変な趣味だね、だって……」

圓生さんはいたずらっぽい顔になり、「てへへ……」と独特の笑い方をしてみせた。

『牡丹燈籠』は、萩原新三郎をめぐる怪談とその後すじにあたる〈栗橋宿〉に限る、ということになった。

「ひまを見つけて試演をしてみれば、時間はつかめるんですが、なかなかそれが出来ません」

試演をしつつ録音をする。しかも長尺《ちょうじゃく》物だから、六月から八月まで二、三ヶ月かけて録音し、その途上ではっきりした枚数を確定しよう、ということになった。

私は、『真景累ケ淵』のうち〈深見新五郎〉の件《くだり》をあまりよく知らなかったので、圓生さんにたずねてみた。あらすじだけを聞くつもりだったし、圓生さんもそんな調子で話しだした。

それが、いつのまにか登場人物のセリフになり会話になり、やがて説明から脱して完全に噺の域に入っていく。

すでにだいぶ時間は経過していたが、あとにさし迫った用事もなかったので、私は腰をすえた。椅子にかけながらとはいえ、私ひとりにむかって〈深見新五郎〉を演じる三遊亭圓生。これはまたとない貴重な時間に違いない。

空は黄昏の色を帯び、南東向きの応接間の内部には闇がひろがりつつあった。

圓生さんは灯りをつけることになど思い及ばず、噺をつづける。私も点灯のために立ち上がることはしかねた。深見新五郎の薄倖の遍歴は、夕暮れに聞くのがふさわしい。私は噺のなかに引きこまれ、闇に浮かぶ名人の顔をじっと見つめていた。

歌手志望

五月の連休明け、私は何度か圓生宅に足を運んで、具体的な打ち合わせを進めた。構想が固まるほどに、圓生さんは話が芸談義に走りがちになり、そうなるとなかなか仕事の話にもどってこない。そのために一度ですむ訪問が二度になる、という按配だったが、私にとって、かならずしも時間の無駄ではなかったと思う。

ことは大仕事、相手は老大家、醸造には時間と手間が必要だ。そうしているうちに、私にとっても、まだ出来ていないそのレコードが眼に見え、耳に聴こえてくるのである。

これは演者と制作者だけが知る特権的なよろこびだと思う。その悦びは、ものを生み、つくりだす立場の人間にとっては、一種の麻薬であり、また、かけがえのないエネルギーの源泉でもあろう。その特権的な悦びをまさに特権としてしまいこんだりせず、大勢のひないだろうか。

とたちになんらかの形で分かつことが出来るならば、その仕事は成功したといえるのでは

収録はスタジオで、客無しで行うことになった。客のいる実演録音のほうが雰囲気があるのはわかっているが、人情噺はおいそれと実演でやるわけにはいかない。ごく限られたチャンスを待っていたら、何年かかるかわからない。七十歳をこえた圓生さんであってみれば、のんびりとはしていられなかった。さいわい人情噺は客の反応、つまり笑いの要素がごく少ないし、本質的に必要なものでもないから、スタジオ制作向きである。

「それに、あたくしの芸は疵だらけです」

言いちがい、ことばの詰まり、不明瞭な発音が少なくない。それを放置して噺を進められない性分だから、言い直しが多い。体質のせいで痰がよく出る。そっと懐紙にそれを出す。こういう点を指して圓生さんの芸を好まないひとがいることはたしかだ。実演録音で客の反応や会場の雰囲気音がかぶっていると、それらの個所は処理しにくいが、スタジオ録音なら、跡かたなく消してしまうことが出来る。またスタジオなら疵の有無にかかわらず、不調のときはいくらでもやり直すことが出来る。

「とにかく最上のものを残したいと思いますから、こりゃア、スタジオでやらせていただくしかありません」

圓生さんは、自分の芸は疵だらけ、と言った。これはけっして卑下ではない。かなり誇りの要素もふくんでいる。

「文楽さんは一字一句、違わないように噺を作りあげましたが、そうなると融通がきかなくなります。言い違いは少ないかも知れないが型にはまって、野球のピッチャーでいえば、ストライクを投げるが球に伸びがないということになってくる。小圓朝さんも間違えないほうですね。キチッと出来ている。正蔵さんは失礼ながら、このごろ間違えないようにゆっくりしゃべっていますが、あれじゃア、活きた描写が出来ないと思うんですがねえ……。言い違いがあったって、あたくしはいいと思う。どんなにことばが違っていても、それでもお客様がうまいといって下さればいいんだとあたくしは思います。間違えるのをおそれて、おっかなびっくりやったんじゃア、人物描写も心理描写も出来ないでしょう。言い違いが少なくてことばの粒立ちがよくて、しかも思い切ってやり、球に伸びがあったのは、先年死んだ三代目の金馬さんでしょう。これはやはり才能ですねえ。あたくしは登場人物の性根で噺を頭にいれていますから、こまかいことばは、やるときによって全部変わります。だから、言い違いや言い直しも出てくるんです。もっとも、あたくしにゃ、志ん生さんほど向こう見ずにやる度胸はありませんけど……」

噺の前後につく下座音楽——、出囃子と送り囃子、つまり〝あがり〟と〝うけ〟の囃子を演目一席ごとに変えたい、と圓生さんは言い出した。

「〝うけ〟のほうはいいと思いますが、〝あがり〟は師匠の出囃子〈正札附《しょうふだつき》〉のほうがなじまれているからいいと思うのですが」

「それでは能がありません。寄席にはいろんなひとが出ますから、あたくしの出囃子が一応決まってをりますが、べつにあれでなくちゃいけないというものじゃない」

「たしか以前は〈つくま祭〉でしたね」

「ええ、あたくしと三木助が同じ〈つくま祭〉で、協会がちがったから、それでもよかったんですが、ホール落語で三木助と一緒になることが多くなりましたんで、二人が同じ出囃子というのも能がないと思って、あたくしが〈正札附〉に変えたんです。〈つくま祭〉はおやじ（先代）ゆずりの曲ですが、別にこだわりません。どのレコードを聴いても〈正札附〉で始まるというのは、興ざめですよ」

　人情噺は歌舞伎の世話物に通うところがあるので、私も圓生さんの希望をいれることにした。圓生さんは大いに凝りはじめ、国立劇場の資料をあたって、歌舞伎の下座音楽からレコードの〝あがり〟と〝うけ〟の選曲を始めた。これは仕事の核心ではない、遊びの部分ではあったが、圓生さんの録音への情熱をさらにかきたてる要素にはなった。

　この囃子への凝りは、人情噺だけにとどまらず、後続の落語の企画にまで続き、圓生さんは結局、LPレコード百十五枚分の〝あがり〟と〝うけ〟を選曲した。一枚にふたつの噺が入るレコードもあるから、全部で二百四十曲以上にもなり、ひとつも同一曲は用いなかった。落語では在来の寄席囃子もずいぶん使ったが、歌舞伎下座音楽の数も相当な曲数になる。私はビクターの「歌舞伎下座音楽集成」というレコードを圓生さんにプレゼントした。

凝りすぎで困ったのは、下座唄を用いる場合に自分が唄いたい、と言い出したことだ。

「それはちょっとおかしいんじゃありませんか。噺の内容にふさわしい下座音楽をあてるという洒落の要素がありますから、唄まで入れないとその意図がはっきりしない場合には、唄を入れるのもいいと思います。でも、ふつうの〝あがり〟と〝うけ〟は三味線、太鼓、鉦《かね》と笛だけですから、唄入りには耳慣れないひとが多いでしょう。まして噺を演じるひとが下座も唄うというのは、構成上変なものですよ」

「そんなことはないでしょう。これはね、ご愛嬌でげすよ。第一、本職に頼んだら、高くついてしょうがないでしょ。『累ケ淵』の〈お久殺し〉にはね、清元の『累』の、〽夜や更《ふ》けて、を使いたいんですよ。まさか、これだけのために志寿太夫さんに吹き込んでもらうわけにはいかないでしょ」

「それは当然です。私の言いたいのは、そういうことではなくて、噺の演者と、下座の唄い手とは別人でないとレコードの構成としておかしい、ということなんです。たとえて言えば、師匠が唄いながら高座へ出てきたように思われますよ」

「てヘッ」

圓生さんは笑った。

「あなたねえ、理屈を言っちゃアいけませんよ。どうも今の方てえものは理が勝ちすぎていけませんね。お囃子は愛嬌なんですから、まァ遊びてえことで……。唄は下手くそでも、本人がやってるんだからいいじゃアありませんか」

まったく話が嚙み合わない。とにかく、圓生さんは唄いたくてたまらないのだ。思いあまって出口さんに相談した。

「そりゃ駄目だ。そんなやり方ッてのはない。三遊亭もお道楽が過ぎる。俺がやめるように言う」

しかし、出口さんが圓生さんを諫めた形跡はなかった。結局押し切られて私は承知した。だが、志寿太夫きどりの「夜や更けて」をのぞいて、純粋な下座唄と長唄系の曲は、長唄の岡安與志枝さんに一緒に唄ってもらい、圓生さんの色を薄めた。のちに圓生さんは、唄の座を海老一染之助さんにかなり譲るようになる。

こんな騒動はあったが、出来あがりを聴いてみると、圓生さんのレコードへの愛着が隅々までとどいているようで、悪いものではなかった。あとから思えば、歌手圓生の記録を数十曲のこせたことはよかったのではないか。

最後のためらい

監修と解説は劇作家の宇野信夫氏にお願いすることになった。これは圓生さんのたっての希望である。六代目尾上菊五郎の芝居に多くの名作を残し、書画にもすぐれ、芸術院会員、のちに文化功労者となった宇野氏は、庶民の生活を愛し、貧乏時代の志ん生などとの交流も深い。圓生さんには新作人情噺の題材をいくつか与えており、監修者としてこれ以上のひとは見当たらなかった。

ジャケットや解説書のための写真は、篠山紀信さんにお願いした。篠山さんは落語が好きで、修業時代に青蛙房刊『圓生全集』のためのカット写真の撮影をしたという縁があった。

すべてを圓生好みの一流の布陣にして、企画の輪郭は次第に明瞭になっていった。これは価格を音楽レコードなみの水準に高めるための布石でもある。その意味ではお囃子に凝るのも悪いことではなかったのだ。

収録演目は最終的に『真景累ケ淵』、『牡丹燈籠』、『乳房榎』の三つに決まった。いずれも圓朝作の怪談噺の代表作で、しかもその怪談的な部分を中心に収録するのである。怪談に焦点をしぼったほうが話題性もあり、企画として筋が通ると考えたからだ。当時世の中は「オカルト・ブーム」で、それに便乗したと思われるのは本意ではなかったが、そう思われたほうが新聞、雑誌の記事スペースをとるうえで得策という思惑もあった。

「師匠、十二、三枚の大きな組み物になりそうです。価格は二万五千円くらいでしょうか」

「ええッ？　二万五千円。そりゃア少々高すぎやしませんか。噺のレコードはもっと安くないと……」

「今までが安すぎるんです。じっくり作って手間ひまかけたいいものなら、一枚あたり二千円いただいてもいいと思いますよ。圓生師匠のレコードは安く売りたくないんです」

「そりゃ、あたくしだって、安く売られたくはありません。落語のレコードがこれまで安すぎるとは、あたくしも思っておりました。ですが、いきなり二千円というのはどうもねえ……。まとまった値段をいただくんですから、あいだをとって一枚千五百円くらいにしたらいかがです。しめて二万五千円というのは、お金を出す身になると、どんなものでしょうかねえ、高すぎると思いますが」

「邦楽やクラシックでは、もっと高いレコードがいくらもあります。内容に値打ちがあれば、それにふさわしい値がついていいと思います。値が安いと内容も低くみえる、ということもあるんです」

「そりゃアそうですが、前例がないだけに正直言って怖いですね。それに噺家仲間というものはやかましいものでしてね、とかくあたくしはいろいろなことを言われる。もしこのレコードが売れなかったら、また何を言われるかわかりません。圓生の奴、増長してあんな大きな、高いレコードを作ったが、ちっとも売れないそうだ、ざまァ見ろ……、そんなことは言われたくありませんから」

「私どもでも、ある程度市場調査はしております。失敗することはないと思います」

「そうですか。しかし、あなたの会社にとっては、いろいろなレコードのなかのひとつでしょうが、あたくしにとってはたったひとつの人情噺のレコードですから、失敗したときの痛手が違いますよ……。どんなもんです、『累ケ淵』と、あとのふたつとを二巻に分けては。そのほうが安全でしょ」

「大きな一巻で世の中へ出したほうが、ものに貫禄があります。世間をアッと言わせるのも手です」

「そうですかねえ。しかし怪談噺を三つもひとつの巻におさめるというのは……。噺や話術の手法に似たところがありますから、どうしてもつくでしょ。つくというのはよくないんです。マクラも同じものは使えませんから、ふだん使わない小咄を掘り起こさなければいけませんしね。どうもやるほうから言うと、三つ一緒というのはやりにくい」

「マクラの御苦労はお察ししますが、実演の場合と違って、つくことはそれほど心配しなくてもいいんじゃないでしょうか。これだけの大ものレコードを一晩で一気呵成に聴くひとがいるとは思えません。何日もかかって聴くでしょうから、つく印象はないと言っていいと思うのです」

「どうしてもそうしたいというのでしたら、仕方がありませんが、あたくしは売れないレコードを作ったと言われるのがいやなんで。……まァ、あたくしも出来るだけお客様にお願いして、レコードを買っていただくよう努めますが……」

　思いを込めてたっぷりと演じ、立派なレコードは作りたいが、売れないのはおそろしい。圓生さんはこのとき、かなりのジレンマにおちいっていたようだ。あたくしの名前で売れる、という自負があるだけに、その裏にある、万が一、という不安も大きかったようだ。五十歳くらいまで、成功らしい成功を味わったことがないこの名人の来《こ》し方を思わせるものがあった。

　圓生さんの不安は、発売直後まで消えなかったようだ。私にはあまり言わなかったが、暑中見舞の文に制作中のレコードのことを書いて、買ってください、と呼びかけたりしていた。それは私どもにとっては、とてもありがたいことだった。

録音は六月から八月にかけて集中的に行うことになった。平均すると、一ヶ月六日間のペースである。ふだん高座にかけていない部分も多く、しかも大ネタばかりなので、これは圓生さんにとっては、かなりの負担に思われた。

「なに、ほかの仕事は控えても、録音に専念します。この仕事は金銭ずくじゃアない」と言ったのは、そういう意味もあってのことなんです」

もっとも、この時期、圓生さんはしばらく寄席を休んでいた。ちょうど最初の大量真打昇進があって、反対の立場をとった圓生さんは、昇進した自分の門弟の披露興行にも出演せず、一時的に寄席から身を退いていた。やがて圓生さんは自分自身の論理と美学を一層過激につらぬくことになる。

五年後に同様の問題が起こったとき、事態は決裂をむかえたのだが、その伏線はこの時すでに敷かれていたのだ。圓生さんにしてみれば、五年前に自分は予告の警鐘を鳴らしていた、ということかも知れない。

八月中に録音は終了し、その後一ヶ月くらいでテープを編集して仕上げ、十一月二十一日に発売、というスケジュールが確定した。

手の内

「それから、そのテープの編集というのに、あたくしを立ち会わせてください」

「えッ？　立ち会われますか。相当時間がかかる作業ですよ」

「かまいません。あたくしのほうでも、なるたけそちらのご都合に合わせますから、立ち会わせてくださいまし。あたくしの芸ですから、あたくしが責任をもって見届けたいんです。決してあなたを信用しないわけじゃありませんが、噺の間《ま》というものは微妙なものでしてね、何秒、とストップウォッチで計れるものじゃありません。その日の調子や声の出し方などでも間が変わってきます。ですから、あなたも聴き、本人のあたくしも聴いて編集をしたほうが、間をこわす心配が少ないと思うんです。これはどうしてもさせていただきたい」

　これは難題である。編集の作業は録音技術者がやり、私はそれに立ち会う。よかろう、という判断の権限は私にある。これが録音編集の常道だ。これは感覚的な仕事だから、どちらかと言えば私的に、密室的に行いたい。手紙や日記でもそうだが、文章を書くときと同じで、あまりひとに手の内は見せたくないのだ。

それに、私たちはレコードを買って聴くひとの立場に立って感性をはたらかせ、事を進めようとするが、演者はちがう観点でものを見ることが往々にしてある。とかく自分だけのポイントにこだわり、鏡に写る自分の姿に過敏な反応を示して、重箱のすみをつつき出しかねないのだ。

演者が立ち会うことの功罪はいろいろあろうが、おしなべて言えば、立ち会わないほうが経過はスムーズで結果もよく、演者にとっても精神的に仕合わせなものなのだ。だから結果をチェックして貰うことはよくやるが、経過段階はまかせて貰うのがあたりまえだ。

しかし、この件については圓生さんはゆずる気配はなかった。それまでにさまざまな角度で知った圓生さんの芸への執心から考えて、これは逃れようがないと私は腹をくった。立ち会うとなれば、こちらも手の内をさらけ出すしかない。なにが出来てなにが出来ないかを卒直に言って、あまり演者本位の仕上がりにならないよう努めよう、と思った。

「おとうちゃんは芸のことになると夢中ですからねえ、わがままを言うと思いますけど、よろしくお願いしますよ」

お内儀《かみ》さんはしみじみと言った。

「芸のことになると、身体をこわさないかしらと思うほど根《こん》をつめるんですからね。仕事のない日は一ン日《ち》じゅう、机の前に坐って読んだり書いたり、よくまァあきないと思うの。遊びもなにもしないひとなんですよ」

出口さんの言う通り、お内儀さんは芸人の妻としてまことによく出来たひとだ。さまざまなことを自分の胸におさめて、決して夫の負の部分は口にしなかった。後年付き合いが深くなってからは、少しずつ洩らすようにはなったが、圓生さんの女性問題などをいろいろ私に話したのは、夫の死後だいぶたってからのことだ。

「お気づきでしょうけど、少ゥし耳が遠くなってますから、大きな声で言ってやってくださいね。それから、出来が悪かったら、どんどん遠慮なく言ってやり直しをさせてくださいな」

お内儀さんのことばを圓生さんが先へつないだ。

「あァ、それはね、あたくしからもお願いいたしますよ。あたくしとあなたとではずいぶん齢がちがいますが、仕事のうえで遠慮をされたんでは困ります。かまわず悪いところは悪いとおっしゃってくださいまし。演者にはわからないこともあるんですよ。演者と聴き手は立場が違うんですから、なるほどと思えばあたくしはすぐに直します。出来が悪くて恥をかくのはあたくしなんですから」

圓生さんはお内儀さんのほうを見て、

「あたくしはね、このひとにいつも言ってるんです。あたくしの芸が駄目になったな、と思ったら、すぐにそう言ってくれ、あたくしは身体が達者であっても引退するから、ってね」

ほぼ最終的なことまで固まった日は、お内儀さんも応接間に長いことといて話しこんだ。

「細かいことですが、スタジオの時間帯は十三時から十七時までとしました。師匠の食事は一日二食、朝十時ごろと夕方六時ごろと伺ったからです。また夜は実演のお仕事もあるでしょうから、いろいろ考え合わせて、そういう時間帯にしました。でも、途中で軽食くらいおとりになりますか」

「いいえ、あたくしはいりません。まァ、お茶はいただきますから、お菓子くらいは用意してくだされば……それで充分です」

「おとうちゃんはね、外の食事はおいしくないッて、なるたけ食べないようにしているんですよ。家で食べたほうがいいッて。だから、あたしはたいへんなの」

「そうでもないよ。外で食べるのが嫌いッてわけじゃない。だけど近ごろはどうも、まずい店が多くなりました。まずいものを食べるくらいなら我慢をしたほうがいい。まァ、鰻、すし、テキなんぞは、外で食べますが」

「二食でおなかがすきませんか」

「宵っぱりですからね、夜遅くなるとおなかがすく……」

「で、十時すぎに、おそばだの、そうめんだのを茹でることがよくあるんですよ。あたしが茶の間でテレビを見ていると、急に自分の部屋から出てきて、『おかあちゃん、おなかがすいたよ』……。よく食べますよ、丈夫なんですね。あたしゃ、とても付き合いきれない……」

「あ、そうだ。京須さんね、スタジオへ行くときの足ですがね、往きはあたくしの車でまいります。帰りはそちらで車を出してくださいまし」

「往き帰りとも、私どもで手配してもよろしうございますよ」

「いえいえ、そんなにしていただかなくってもいいんです。会社だってあなた、それじゃ入費《にゅうひ》がかかってたいへんでしょ。あたくしの仕事ですから、あたくしの車でまいります。ただね、帰りは何時になるかわからない。早く終わることもあれば、一時間やそこら延びることもある。そのあいだ運転手を漫然と待たせておくてえのも無駄な話だし、かわいそうです。ですからひとつ、そういうことに願いたい……」

圓生さんの自家用車の運転手は二代目か三代目で、これが最後のひとだった。浜田豊次郎という初老のひとで、小石川の自宅から通っていた。浜田さんは以前、八代目桂文楽の車の運転手をしていた。昭和の名人ふたりに仕えたのが彼の自慢である。

文楽死後すぐに、ちょうど運転手を探していた圓生さんに頼まれて身柄を移した。

「文楽師匠は晩年身体も弱ってましたから、付きっきりでたいへんでした。圓生師匠のところは楽なんです。師匠の仕事の時だけですから。師匠は私用だけで出かけるときには地下鉄を使ったりして、公私を区別してますから、そんなに毎日あちらこちらと駆り出されることはないんです。文楽師匠の死後、ほかの二、三の師匠からも来い、と誘われたんです。正直言ってお給金は他の師匠のほうがたくさんくださる話だったんですが、家族旅行でもなんでも運転させられるというんでやめました。それに圓生師匠のお内儀さんも親切にしてくださいますから」

のちに浜田さんは私にこう述懐した。この話のなかに圓生さんの生活観、金銭への考え方がよく出ているように思う。圓生流の一種の合理主義。だが、ひとはその全体を見ることができないから、拳をにぎって圓生さんをあらわしたりする。ずいぶん圓生さんは損なイメージをもたれていたと思う。往き帰りの車は双方が折半することで話がついた。

結局、仕事を全うするということは、当事者同士が相手を知り、手の内を見せあうことにほかならない。杓子定規でも、社交辞令でも、仕事は進められない。一ヶ月の交流のなかで、私は圓生さんのさまざまな面を知った。高座から想像できることもあり、まったく意外なこともあった。とにかく圓生さんは次第に自分をさらけ出し、大きな仕事のための環境整備に努めている、と私は思った。

この圓生さんにならら、私どももも手の内を見せていくべきだろう。編集立ち会いでこちらの手の内を見せてしまっても、結果は悪いほうへは行かないのではないか、と私は思うようになっていた。

キリスト御免

「これからあたくしは静岡のほうへ仕事で出かけます。東京駅まで車でまいりますが、あなたはどうなさいます」

「会社へ戻ります」

「じゃ、途中まで乗ってらっしゃいまし。どこかで地下鉄に乗りかえればよろしいでしょう」

　時間的には初めから地下鉄のほうが早いとは思ったが、圓生さんが話し足りない風情だったので、四谷あたりまで乗せてもらうことにした。出発の用意はお内儀さんと全生くんとですでに済ませてあり、圓生さんの着替えを待つだけである。浜田運転手は一足先に出て行った。この日の圓生さんはすこぶる機嫌がよく、着替えながらも話をつづけた。

　全生くんは助手席に、私と圓生さんは後部座席にならんで坐った。五月半ば、良い天気で車の中は最初暑いくらいだった。圓生さんは茶系の替上着に茶色の靴、靴下の色も合わせてあって、なかなかのベストドレッサーぶりである。車は成子坂《なるこざか》へ向かっておだやかに走り出した。

「不思議ですねえ、ビクターのときも、五月に話がまとまって、六月から録音でした」

圓生さんはゆったりとした口調で、つぶやくように言った。

「あの時分にくらべると、今はずっといい音にとれるんでしょ」

「そうですね。でも、この十年間の向上はそれほどのものではありません。もうひとつ前の十年間、つまり昭和二十年代後半と三十年代後半とでは、ずいぶん開きがありました」

「あたくしどもは仕合わせです。いい音であとへ残せるという……。あたくしのおやじ(五代目圓生)のころは音はだいぶよくなっていましたが、レコードは一面三、四分しか録音できないんで、あれじゃア、満足なものは出来っこありません」

「四代目橘家圓喬、三代目柳家小さんの録音もありますが、うまいのかまずいのか聴いても私にはわかりませんでした」

「ええ、ありゃひどいものですよ。あの時分はマイクロフォンてものがないんですから。いわゆるラッパ吹き込みです。頭の上に朝顔の花みたいなラッパがあって、そこへ向かってしゃべるんですからねえ、高っ調子《たかちょうし》になるし、間《ま》もなにもあったもんじゃアない。やり直しはきかないし、長くはできないし、あんなレコードなら残っていないほうがいいんです。圓喬の名誉のためにもね。あたくしは圓喬さんの実物を聴いていますから、ああいう音のレコードを聴いても思い出すことができます。でも、あなたがたが聴いたら、まずい芸だと思うほうが正しいでしょう。むかしの名人は気の毒です。あんな音が残っているてえのはね……。圓喬のうまさ、そりゃア、あたくしなぞの及ぶところじゃアありません」

車は新宿の混雑にかかっていた。外側の車線から一台のライトバンが強引に前へ割りこんできた。浜田運転手は急ブレーキをかけて事なきをえた。

「危ないッ。なんです、あの車は」

ライトバンの後部には、○○基督○○、と所属団体の名が大書してある。

「じつにどうもけしからんものですね。ええ？　事もあろうに、キリスト教なるものが、こういうことをしちゃアいけません」

冗談めかしてはいたが、圓生さんは一瞬憤慨の色を見せた。私はそのとき、はずみでつまらぬ洒落を言ってしまった。

「あれがいわゆる〝キリスト御免〟」

落語家の前で洒落は慎むべし――。それくらいのことはわきまえているつもりだった。それなのにうっかり口をすべらせたのは、私もだいぶ楽な気分でいたからに違いない。

「オヤ、おっしゃいましたねえ。こいつは一本とられましたね」

圓生さんは私の顔を見て、てへへ、と笑った。

私は顔があかくなるのを覚えた。

第二章　録音室の日々

静かなはじまり

レコーディングの初日は六月五日である。この日は、照らず降らずのおだやかな一日だった。私は十一時すぎに圓生宅を訪れた。スタジオの場所がわかりにくいので、初日に限り私が道案内をつとめることになったのである。

スタジオは六本木の社屋内にある自社スタジオではなく、赤坂八丁目にあったＫＲＣだ。かなりふるくからあったスタジオで、たしか、国際ラジオ・テレビセンターの略称だったと思う。

六本木の自社第一スタジオは、一人芸用としてはちょっと広過ぎたし、短期間に集中して何日も確保できるほど空いていなかった。ＫＲＣは私どもの会社からあまり離れてもいず、また一人芸には手ごろな大きさの第五スタジオがあって、そこは空きが多く、かなりこちらの希望日をかなえることが出来た。

最初に完成した『三遊亭圓生　人情噺集成その一』(『真景累ケ淵』、『牡丹燈籠』、『乳房榎』=LP十三枚組)はすべてこのスタジオで録音した。〝あがり〟と〝うけ〟の下座音楽は広い空間を要するので、六本木の自社スタジオを使い、後続企画のなかの芝居噺『双蝶々』も、そこで録音した。

その後〝落語〟にまで企画が拡大してからは、KRCだけでなく自社スタジオも使って、どんどんレコーディングを重ねた。KRCが廃館になったのちは、麻布十番のアオイスタジオ、田村町と愛宕下のあいだにあったテイチクスタジオも加え、最後のころはほとんど六本木の自社スタジオを用いた。編集作業は六本木の編集室で行ったが、昭和五十三年秋に信濃町に新しい自社スタジオが完成したあとは、そこの編集室に移った。

中野坂上の圓生宅から、赤坂八丁目のKRCまで車で行くには、どうしても新宿界隈の交通渋滞地域を抜けなければならない。十三時音出し、つまり録音を実質的にスタートするためには、余裕をもって十一時四十五分くらいに出発しようということになったのである。

「おはようございます」

芸界の挨拶は、ことに楽屋では、夜でも〝おはようございます〟だ。この日は十一時すぎだから、まだ正真正銘のおはようだったが、世間一般では、もうこの時刻にこの挨拶はあまり使わない。私の思い出では、圓生さんは、夜の挨拶に進んで〝おはようございます〟は言わなかった。概して、キャリアの浅いひとや、芸人の取り巻き人種たちのほうが、楽屋ことばを常習するように思う。

「はい、おはようございます」

「本日から録音でございます。よろしくお願いいたします」

「こちらこそ、よろしくお願いをいたします。まァま、こちらへお掛けなさいまし。お茶を飲んでから出かけるといたしましょう」

茶を飲みながらどんな話を交したのか、今はもう覚えていない。それればかりではなく、スタジオまでの道すがらのことも記憶がない。圓生さんと鞄持ちの全生くんと私とは、お内儀《かみ》さんに送られて浜田さん運転の車で予定の時刻に出発し、ほぼ想定通りの時刻にスタジオに着いた、ということしか覚えていないのだ。

この日は何百回かに及ぶ圓生さんのスタジオ往来のなかで、たった一度、私が道案内として同乗した日だった。その後、スタジオが変わることがあっても、私は事前に地図を渡して事をすませた。本来ならもっと印象に残っていてしかるべき、初日の道行《みちゆき》の記憶が浅いのは、自分としても物足りない。この日の印象の重点は、どうやら初めて体験した録音室でのことに集中してしまったように思われる。

　ＫＲＣスタジオに着くと、一階のロビーに出口さんが待っていた。

「師匠、おはようございます」

　相変わらず、低くつぶやくような出口さんの挨拶だった。〝ございます〟は、ほとんど聴きとれなかった。

「おやおや、出口さん見えてたの。へい、おはようございます」

　圓生さんは、やれやれ、と言ってロビーの長椅子に腰をおろした。

「俺ンところは近いんだ。今日は来ないわけにいかない」

　出口さんは振り返って小さく私に言った。その声は圓生さんの耳にははいらない。

　まもなく、階上の第五スタジオにいた私どもの会社の録音技術者、亀谷太一さんがおりてきた。私は彼を圓生さんに紹介する。彼は大学時代〝落研〟に属していて、話芸の間《ま》に対する感覚があったので、この仕事にはうってつけだった。その後、彼は次第に圓生さんに信頼され、お気にいりとなり、欠かせない存在となる。圓生さんは彼を亀さんと呼んだ。

　準備はあらかた完了した、というので、一同は二階にあがった。スタジオとひとくちに言うが、その指すところはいろいろある。このＫＲＣスタジオでなら、まず建物あるいは企業の呼称が〝スタジオ〟であり、そのなかの第一から第五までの個々のスタジオも、また〝スタジオ〟である。そのうちのどれかひとつに入ってみると、そこは二つに画然と仕切られている。演者や演奏者が吹き込みをするスペースもまた〝スタジオ〟なのだ。スタッフが控え、吹き込み状況を刻々チェックし、機材を操作するスペースはモニタールームと呼ぶ。

第五スタジオの〝スタジオ〟内部には、仮りの高座が設けられ、高座蒲団がひとつ置かれている。その前にマイクロフォンが一本。装備はいたって簡素なものだ。一同はまずモニタールームにおさまり、全生くんはさっそく湯沸かし所に行ってお茶をいれてきた。

圓生さんは、ほとんどの場合洋服で来て、モニタールームで着替えた。初めから着物で来たこともあったし、夏場、それが浴衣だったこともあったが、初日がどうだったかは覚えていない。

圓生さんはことのほかご機嫌で、しばらくの間、私や出口さんを相手に四方山話に興じるのだった。これからのちも圓生さんは録音前、私と亀さんを相手に十分や二十分、さまざまな話をするのが習いとなった。自然の声ならしも兼ねていたのだろう。ずいぶん同じ話も聞かされたが、芸談あり秘話あり、私どもにとっては貴重な体験となった。

まだ定刻の一時には十数分の間がある。この間にと思い、私は階下の食堂から昼飯を取り寄せることにした。

「どうぞ召しあがってください。腹が減っちゃア戦《いくさ》ができません。ア、それから全生、お前、おなかすいてるんだろ。一緒に取っておもらい」

全生くんはしきりに遠慮をしたが、若い彼が師匠と同じ二食でもつわけはない。

「全生さん、遠慮には及びません、同じものを取りましょう。師匠、スタジオの食堂ですから、たいしたものはありませんが、よろしうございますね」

「えぇえ、そりゃもう……。ぜいたくなことを言っちゃアいけません」

スタジオの食堂のメニューは、単純なものばかりだが、すぐに出来あがり、値段のわりにはカロリー豊富というのがその時代の相場だった。

食べながら細かい手筈の打ち合わせをした。録音テープは秒速三十八センチメートルで回転走行し、三十分で切れる。新しいテープにかけかえる作業があるので、二十五分経過したら、モニタールームから合図を送り、よろしきところで師匠のほうが噺をとめる、ということになった。

この第五スタジオもそうだが、ふつうスタジオとモニタールームの間には大きな透明ガラスがはめられていて、音響は完全に遮断されているものの、たがいの動静は見合えるようになっている。大まかなことはガラス越しに身ぶり手ぶりで伝えることができるが、細かいことや咄嗟の判断は、トークバックを使ってスタジオの中へ語りかけなければならない。この場合はもちろん、こちらのことばも録音されてしまうので、その部分はあとで捨てることになる。

この日の演目は、『真景累ケ淵』の発端〈宗悦殺し〉だった。のちに落語の収録になってからは、当日の気分で演目を選ぶことが多かったが、続き噺、つまり長編の演目の場合は、ストーリー進行に則《のっと》って順次録音をしていった。

「それでは、始めるといたしますか」

一時を少しまわり、圓生さんは腰をあげた。

「よろしくお願いします」

圓生さんはまず手洗いへ行って小用をたした。噺の終わりまでは、原則として中断なく演じ続けるのが圓生さんの主義だったから、最初の声ならしや、途中のやり直しを含めると、六十分の噺を収録するためには百分くらい演ずるのがふつうである。だから、スタジオにこもる直前に判で押したように手洗いへ行ったものだった。

孤独な高座に圓生さんは坐る。その坐高に合わせて、亀さんはマイクロフォンの角度を調節した。全生くんは熱い白湯《さゆ》をいれた湯呑みを恭しく師匠の下手《しもて》前へ置く。それは寄席の前座の仕事そのままだ。痰の出やすい圓生さんに白湯は必需品で、調子の悪い時には何度も熱いのと取り替える。翌年あたりから全生くんは寄席の仕事が忙しくなったので、スタジオへは来なくなり、以後最後まで、このスタジオの前座仕事は私が勤めることになった。

用意は万端整った。

「よろしうございますか」

「はい、よろしくお願いいたします」

私と亀さんはお辞儀をしてスタジオを出、モニタールームへ戻った。スタジオの金属製の扉は分厚く重い。どこのスタジオでも、これを閉める瞬間、小さく鈍い風圧が生じる。六代目三遊亭圓生は、このとき外界と隔てられ、ひとりだけの芸の空間に閉じこもった。

LP百十五枚、延べ一千時間をはるかに超える、録音室での圓生さんとの仕事——。その静かな始まりだった。格別の出来事も、ドラマもなく、しかしこの日確実に、音は、芸は、記録として刻み始められたのである。

松はゆがみて

「杉は直《す》ぐ　松はゆがみておもしろし　ひとの心も　木なり奇異なり

えェ、声のテストでございます。杉は直ぐ　松は……」

咳ばらいをして痰をきり、白湯をすすり、念を押すようにもう一度咳をして、

「えェ、声のテストでございます。杉は直ぐ　松はゆがみておもしろし　ひとの心も　木なり奇異なり。十人寄れば気は十色なぞと申しまして……」

また、咳、痰。そして白湯。

「どうもいけません。痰が出てきました。少々お待ちくださいまし。オイ、全生、うがいをするから水を汲んでおくれ」

脇においた鞄からうがい薬を取り出し、全生くんの汲んだ水でうすめる。

「どっちみち、初めは声が寝ておりますから、使いものにはならないでしょう。どうもあたくしはね、このゥ痰が出はじめると、しばらくは止まらない……」

ひとしきり激しくうがいをし、かねて用意の壺に吐き捨てた。

「声ならしにしゃべってはみますが、当分こりゃ駄目ですな。録音はしても無駄でございます。……根津七軒町に皆川宗悦という、……いけねェ、また痰が出てきた」

また白湯。再開。またまた中断、うがい。たちまち十数分が経過した。私は、圓生さんが痰に対して神経質になりすぎていると思った。気にして激しく痰を切るために咽喉《のど》が荒れ、次の痰を誘発してしまうのではないか。こんなことを繰り返しているうちに声が荒れ

きって、今日は中止ということになりはすまいか。

心配になって、気分を変えるために私はスタジオの中へ入った。思いがけないなりゆきで、さっきまでのやや儀式めいたかすかな緊張はほぐれ、モニタールームもスタジオの中も、すっかりふつうの仕事場の雰囲気になっている。

「どうもいけません。でも、ひとっきり出してしまえばおさまるでしょう」

「あんなに強く咳込んで、声にさわりませんか」

「大丈夫です。あたくしはこういう癖の悪い咽喉《のど》ですが、あたくしどもは皆、今のひとたちと違って声は鍛えております。なにしろ巡業でマイクやスピーカーのない時代に千以上入る小屋でしゃべったりしてますしね。昔、風邪でどうにも声が出ないときに寄席をかけもちしましてもね、不思議と三軒目くらいから声が出てきたものなんです」

圓生さんは平気な顔をしていた。七十年の高座経験をもつひとのことばだから、まずは信じてみるしかない。

しかしこの調子では、録音を始めても最初は後遺症でかなり細かい疵《きず》が出そうに思われる。咳ばらい、言い違いなどは、いちいちモニタールームから指摘致しませんので、その個所の一言二言前から御自分でどんどんやり直してください、と頼んで私はモニタールームへ戻った。

圓生さんの言ったとおり、しばらくすると咽喉は鎮まり、どうやら四十分ほどの遅れで〈宗悦殺し〉に入ることが出来た。前半はまだ完調ではなく、多少咳も出たし、ことばのつかえも多かったが、いずれも編集で修正可能なものばかりである。むしろ、やや荒れ調子ながら気迫がこもり、噺の前半自体が持っている緊迫感と一致して、よい出来だったと思う。宗悦が殺されたあと、噺は一転して長屋の住人たちを描くが、このへんはすっかり調子が出て、なめらかな口演となった。

こんなことは、それからのちにもたびたびあった。むしろ、痰騒動が起きないほうが珍しかった。ときには、かなり噺の奥深くへ進んでから、突如起きたこともある。だが、結果的に声そのものが潰れてしまったことは数回を数えるのみだ。それにしても、モニタールームのスピーカーを通した圓生さんの咳ばらいは爆発的で、すさまじいものだった。どうやらこの分なら今日の録音は成功、とこちらも思った。モニタールームの雰囲気にもゆとりが出てくる。ふと、うしろを向くと、出口さんは長椅子にほとんど横たわるようにして耳を傾けていた。

「腰が痛くって……」

と照れくさそうだったが、午後も三時をまわり、アルコール抜きの身体が重くなってきたのかも知れない。その位置は、うまい具合にスタジオの中の圓生さんからは死角になっていた。

すっかり噺にのめりこんだ圓生さんは、二十五分経過の合図を無視して語り続ける。全生くんが大きな身ぶりを何度もしてくれた。圓生さんは気がついたのか、そこでプッツリと噺を切ってしまった。これでは噺の流れがつづかない。新しいテープにかえて、あらためて少し前からやり直してもらう。こんなことは、なんの録音でもよくあることだ。その跡形《あとかた》を残さずに仕上げるのが、演者の腕であり、録音スタッフの最低の資格となる。

ひと通りの録音が終わって、圓生さんが汗を拭きふきモニタールームへ戻ってきたのは、もう三時半をまわった時分だ。出口さんは圓生さんに挨拶をすますと、これで、と帰っていった。

出口さんは二日目には事務所スタッフの篠原さんをともなって現われ、途中ひとり先に帰って、それ以後二度とスタジオには来なかった。順調にいっていればそれでいいんだ、まかせる、と出口さんは言った。篠原さんの立ち会いも数回ほどで終わる。決しておろそかにしてはいない、ということを圓生さんに示すための立ち会いだったのだろう。

この日は残り時間があまりなく、とても全体の編集は出来るものではなかったが、途中まででもやっておこうということになった。お茶を飲みながら、圓生さんは今しおえたばかりの自分の噺にジッと耳を傾ける。そして、じつに細かくダメを出した。人物が現われてやりとりが始まれば、その数は激減したが、マクラなど地の語りのところでは、一秒未満の単位の間《ま》を気にして、少し詰めるように註文した。

「間《ま》を詰めても、ふた息で言っていることばをひと息にすることは出来ませんが……」

「でもね、間延びしているより、ようございます」

「かえって不自然になるかも知れませんよ」

「そうしたら、そこをそっくりやり直しましょう。とにかく最善を尽くします」

この執念、このエネルギーには敵《かな》わなかった。結局初日は時間切れで、全体の三分の一ほどの編集修正をしたにとどまり、圓生さんは帰宅した。

レコーディング二日目は、中二日おいて六月八日である。この日は〈深見新五郎〉を録音する予定だった。だが圓生さんはきっと、〈宗悦殺し〉の編集の残り三分の二をやりたがるだろう。しかし、そうなればその皺よせで〈新五郎〉も中途半端になってしまう。編集はスタジオを使わず、編集室でも出来るのだから、とりあえず初日の編集の残り分は後日まわしにしよう。そう思ってスタジオにのぞんだ。

「本日は〈新五郎〉をやるつもりでおりましたが、〈宗悦殺し〉にたいへんまずいところがありました。家《うち》へ帰ってから気がついたというのは面目《めんぼく》ありませんが、あのままではいけません。やり直したいと思います」

「それはどこですか」

「駕籠屋ふたりが葛籠《つづら》を盗んできて、ひそひそ話しながら蓋をあける、あそこなんです。あたくしはあんまり声をひそめないでやったと思う。これはね、実演の手法なんです。つまり本当にひそひそしゃべったら端《はし》の客には聴こえませんから、ひそひそ声らしくやるんです。しかし、レコードは家《うち》で聴くものですから、本当のひそひそ声でやらないとウソになります。芸のウソという手法がありますが、レコードならこの種のウソはいりません。実演とレコードはそもそも違うものなんですから、やり方を変えなけりゃいけないんですが、つい癖が出て実演のように吹き込んでしまったというわけなんです。ま、念のため、もう一度聴かせてくださいまし」

前回のテープは持ってきていたので〈宗悦殺し〉のその部分を聴いてみると、たしかにひそひそめいてしゃべっているが、音量レベルはそう下がっていない。

「これじゃアいけません」

圓生さんの芸はリアリズムだ、とよくいわれる。くそリアリズムだ、落語本来のおもしろさを失っている、と評すひともいる。

圓生さんは本当にリアリストなのだろうか。たしかに圓生さんは芸の主眼を人物描写、性格や感情の表現においた。そしてそれが無類に巧い。その点では圓生さんを一流のリアリストと見ることはできる。

だが反面、圓生さんは様式主義者、型のひとでもあった。濃厚な感情表現の裏には、いつも徹底した段取りと型がある。

『鰍沢《かじかざわ》』で、旅人に過去を見破られた月の輪お熊が「おまはん、誰なの」とたじろぎ、身構える途端、ほの暗い雪の山家《やまが》にドラマが湧きあがる。その演出は、いつも心憎いばかりの計算を感じさせた。

『栗橋宿』で、それまで気丈に突っ張っていたおみねが、伴蔵の平手のひと打ちで、「ぶったね。おぶちだね。……畜生、ぶちゃがった」と泣き崩れ、取り乱す段取り。

『子別れ』では、子供が貧に耐えかねて盗みをしたのでは……と疑った母親が、感情を抑えて子供に戸締まりをさせ、戻ってくるのを待って初めて感情をほとばしらせる。

他の演者もやる演出だが、圓生さんはことのほか心理のコントラストを鮮やかな型に仕立てて強調した。

圓生さんはリアリズムを徹底的に追求した様式主義者だ。様式の裏付けが確かだったからこそ、そのリアリズムは、あざといほどの効果を発揮した。そのあざとさのようなものを好まないひとも確かにいる。だが、この二面性の共存が、六代目三遊亭圓生をして戦後昭和第一級の噺家たらしめたことは確かだろう。

〈宗悦殺し〉のひそひそ声の問題は、たんに圓生さんの凝り性から出たことだと軽く片付けられないものだ。圓生さんにおけるリアリズムというものが、どういうものであるかを如実に示したひとつの例ではないだろうか。実演のウソを肯定する圓生さんはリアリストであるより様式主義者だ。しかしレコードにおいては、圓生さんはリアリストになる。その演じ分けが出来るところに、芸の奥行きとしたたかさがあるのだと思う。

駕籠屋の盗みの件《くだり》はやり直すことになった。だが、中二日あったので、声の色あいが同じかどうかに多少不安がある。それに初日はすばらしい出来ではあったが、まだまだ編集修正を要する個所がたいへん多いのも事実である。

「師匠、いっそのこと、全編やり直していただけませんか。初日にとった分は、逆に予備として残しておきますから、駕籠屋の件《くだり》以外も、よくなくてもともと、よければ拾いものというつもりで、やってみてください」

「さいですか。それでは、そういうことにいたしましょう」

こうして二日目は〈宗悦殺し〉の再録音ということになった。この日は痰の出も少なく、全体に安定した出来だった。三日前の口演がリハーサルの役目をしたのだろう。流れもよかった。だが不思議なもので、感情のもつれから殺人にいたる過程は、流れの悪かった初日のほうに迫力が感じられた。

録音は二時半には終了してしまい、編集時間もこの日はたっぷりある。さいわい初日と声質の差がほとんどなかったので、ところどころ、会話による人物の替わり目を利用して初日分をくみいれた。圓生さんの芸は一回ごとに細部のことばがかなり変わっていることを、この日の聴きくらべで再認識させられた。

こうして六月八日収録分をベースに、五日収録分を加え、二日がかりで〈宗悦殺し〉LP一枚分をとり終えることができたが、この二日間のいくつかの出来事は、圓生さんとの仕事全体の縮図でもある。それにしても私と亀さんは、これ以後、圓生さんの咳、うがい、そして、「杉は直ぐ……」をいったいどれくらい聴いたことだろうか。

録音作業報告

話が少々細かく専門的になったついでに、レコーディングから、やり直しや編集などを経て、原盤、つまりマスターテープが出来あがるまでの過程をひととおり説明しておきたい。

それについて、後続企画『圓生百席』進行中の昭和五十年ごろ、『ステレオサウンド』というオーディオ誌に私が書いた文章がある。オーディオ・ファン向けの書き方だし、昔いただきたい。

の文章で気がひけるが、録音進行中に書いただけに、作業ドキュメントとして後では書けないリアリティが自分にも感じられる。重複するところもあるが、部分的な引用を許していただきたい。

テープがまわり、噺がはじまる。師匠は淡々とマクラをふりはじめる。私とミキサーのふたりは、ガラス越しに遠く向かい合うかたちで、師匠のほうを見ている。ときどきメモをとる。小さなミスがいっぱい出てくる。それがチェック・ポイントだ。咳がでる。痰をきる。発音がつまずく。不明瞭な発音がある。言いよどむ。ときには弘法も筆のあやまりで言いちがう。実演でもよくある、きてがそれほど気にしない程度のものでも、そのたびに噺を中断し、やりなおす。語頭から、あるいは調子を整えるためにその少し前のところからやりなおす。

私のほうからいちいち指摘するまでもなく、師匠は自分で訂正していく。ただし、よほど言いなおしが巧くいかなかったとき、あるいは師匠が傷に気付かず、訂正しないで噺を進めてしまったときには、指摘してやりなおしてもらう。しかし、師匠が噺にのっているときの、しかもあらためて後刻やりなおしても編集可能な傷なら、メモをとっておくだけにとどめ、噺を妨げないようにしている。話芸は、流れ、調子、間《ま》、呼吸などが身上だから、なるべく一貫して、通してやってもらう。

マクラのあたりでは、声が出きらなかったり、調子がのらず訥々《とつとつ》としていることがよくあるので、本題に入る前に冒頭からやりなおしてもらうことがある。実演なら、名人が訥々とやるマクラも味わいだが、レコードではきくにたえまい。

とにもかくにも、こうして一席しおえると、すぐその場で編集、修正にかかる。今しおえ、きき終えたばかりの噺の情調、流れ、リズム、そういうものがさめないうちにする。通してプレイバックしながら、メモしておいたチェック・ポイントをひとつずつ順に処理していく。テープを切り、つなぐ。つないだところは、少し前からプレイバックしなおす。痕をとどめず仕上がれば次へ進む。

といえば、レコード制作の定石で、あらためていうほどのことでもないように思われる。だが、ことばというのはなかなか厄介で、音楽のように音律が定められていないから、二、三秒の中断のあとでも、抑揚やピッチに変化が生じる。また、やりなおしたときの語頭は強くなりやすい。だからテープをつなぐと、木に竹をついだように不自然になることがある。そんなときは、あらためてやりなおさなければならない。

このやりなおしがまた難物で、時がたっているから、抑揚、テンポ、語気、声質、すべての条件がちがってくる。また感情移入の度合いも、人間だから当然ちがってくる。

そのへんを調整して、おおもとのテイクに合わせる作業は、すべて双方の勘に頼るしかない。

こうして一本のテープが出来上がるが、だいぶ日時をおいて、収録日の口演が念頭から離れた時分に、師匠と二人で、もういちど通しのプレイバックをする。このときはききての立場に立とうと努める。収録と編集のときに気付かなかった細かい疵や、間《ま》のゆるみなどが、かならず見つかる。実演ならまったく気にならないかすかなものだ。レコードではそのままにしておけない。修正困難なほどのものはまずない。最初のプレイバックのときに気付かないのが不思議だが、これは文章を読みなおして添削するのと同じことだろう。最初のときは噺と芸を完全につき放して見にくいのではないだろうか。純粋にききての立場に立つには、収録とその直後は、あまりにもすべてがなまなましい。

これで盆栽の枝ぶりを整えるような、磨き上げの仕事は終了する。この二度のプレイバックの間に、師匠は自宅でじっくりプリントテープをきいて、出来を吟味している。私とミキサーは、カッティングマスターを起こすときに、三度目のプレイバックをする。このときは制作者の立場にかえって、意図にかない、くりかえし鑑賞されるに堪える「レコード落語」に仕上がったかどうか、たしかめなければならない。(中略)

レコードの場合、ある程度、噺をつくることができる。つまり、テープ編集は、傷の治療、ほころびの縫い合わせ以上の機能をもつことが出来るのだ。

話芸には、音楽における楽譜にあたるもの、台本のようなものはない。落語の速記本はたくさんあるが、台本としての機能はもたず、芸は基本が口承で伝わり、個々の演者が独得の世界をつくるものだ。キイワード以外は、まったく固定していないのが、むしろふつうだ。ことばはあくまで内容を伝える道具であって、すぐれた話芸の演者ほど、あることを表現するためのことばと、その使い方の手口をたくさんもっているものだ。次にくるべきことばは、あらかじめ定められていない。それを逆手にとってレコードづくりをすることも出来る。これは音楽レコードや、おなじことばのものでも、台本に制約される朗読、ナレーションのレコードづくりとは、ちがうところだろう。

『湯屋番』の一節。

「(前略) いつまでも寝ているてえとおまえさん腐っちまうよ」

「チェッ、何を言ってやァン、いくら何だって人間が寝ていて腐っちまうかい……。いいよいいよ。わかったわかった。じゃ、今行きますよ……。あァあ、起きますがねえ、あたしゃなんだか寝床《とこ》を離れるのが名残《なごり》惜しい性分だから……。よォし、起きる起きる。じゃ、いよいよ覚悟をして、よッ、どっこいしょッときやがった。さてと、……あれ？　あァ？　ないよッ。ないよないよないよ。ないよォ」

「なァんだ、何を騒いでいるン。どうしたんです」

「紛失物《ふんじつもん》だ」

「おまえさん無精だからいけねえ。窓を閉めずに寝るんでしょう。ちゃんと締まりをしてくれなくちゃ困るよどうも。何です、なくなったのァ。蝦蟇口《がまぐち》ですかい」

「いやァ……。蝦蟇口じゃない」

「何がなくなったんです」

「褌《ふんどし》」

「チェッ、あきれけえったもんだ。褌がなくなったって、なにもギャアギャア騒ぐことァねえや。第一おまえさんナンですかい。独身者《しとりもん》のくせに褌ィとって寝るんですかい」

　これは最初のテイク。全体としては好調だったが、ところどころ乱れがあって、編集しても仕上がりが不自然になるおそれがあったので、やりなおした。細部のことばと、その使い方はすっかりちがってくる。とくに大きなちがいのあったところをあげる

と──

「さてと、あァッ、なくなったよォッ」

「どうしました」

「紛失物だよ」

これはこれでべつに文句のつけようはなかった。最初のテイクでも、ここには疵はなかった。どちらにも優劣はつけられない。けれども最初の「ないよないよないよ」の歌い調子に、居候になりさがった超軟派の若旦那がよくあらわれているような気がして、テープを捨てるにしのびない。そこで、両方のいいところをとってひとつにした。

また疵があった場所がさほど意味のないフレーズだったら、それをそっくりカットしてしまうとかえって表現がすっきりして、オリジナル以上のいい出来になることもある。

『湯屋番』でいえば「おまえさん無精だからいけねえ」、「褌がなくなったって」、「第一おまえさんナンですかい」あたりにもし疵があれば、カットしたほうがいい。しかし流暢に流れていれば、そのままにしておく。話しことばは、文章とちがって冗語かならずしも冗語にはならず、それが雰囲気を生む役割を果たすことがあるからだ。若旦那の寝起きのボヤキの表現などは、無駄と思われる部分がないと、それらしくなくなるので、カットは出来ない。

こういう、いわば噺づくりともいえる編集は、師匠との相談ずくで行われる。こちらからも提案するし、師匠も自分の表現にはこだわらず、大きなカットや、ことばのいれかえを註文する。

こうして、どんなに好調な実演よりも、緻密で、丹念なレコードが出来上がっているはずだ。雰囲気で楽しめる実演とちがって、レコードの落語は、よほど完成度が高くないと、聴き手は感心してくれないだろう。まして、くりかえし聴いてはくれないだろう。しかも話芸というものは、音、つまりことばが、具体的な意味をもっているから、そのレコードは、音楽レコードのように、ながらで聴かれることはないと考えなければいけないのだ。

こうして、だんだん実演とはちがった落語が出来上がってくる。（中略）

『鼠穴』の一節を、師匠の芸を克明に活字化した『圓生全集』から再録してみよう。

「おめえに会ったら、ひとこと詫びすべえと思っていただ（と、手をついて）どうかまァ、勘弁してくんろ、なァ？」

「（あわててそれを制すと、自分も深く辞儀）兄《あに》さん、すンませんでした」

ト書のところはしぐさだけだ。その間、ことばはない。とくに、あとのほうのト書のところは三、四秒の長い空白になる。音だけのレコードでは、この空白は間《ま》として長すぎる。演者にとって会心の出来でも、耳だけの聴き手には、テンポの狂った、ラフな出来に聴こえる。経験と推測でおぎなえる聴き手は、よほどの聴き巧者だ。

こういうのがいたるところにある。実演の落語とはそういうものだ。とまどい、困惑、首かしげ、呆然、恥じらい、そんな無言の表現が落語にはいっぱいある。

そんなときにはどうしたらいいのか。いちばん安易な解決法は、そういう間《ま》をつめてしまうことだ。師匠もそういうレコード用の演出をずいぶん心がけてくれるし、あとのプレイバック編集で、かなり徹底的におぎなうことが出来る。

しかし、それではすまないことがある。また、それですべて解決してしまうとしたら、レコード落語は実演より味の薄い、劣ったものになってしまう。

そういうときには、ことばの抑揚などに工夫を加え、味の濃いいい方にして、しぐさや表情の不足をおぎなわなければならない。師匠は心がけてそう演《や》ってくれるし、あとのプレイバックで気がついて、やりなおすこともある。『鼠穴』の場合だったら、はじめのト書のところは、間《ま》としてはなくてもすむところだ。あとのト書のところは、間《ま》をおかずに「兄《あに》さん」と言い、そのいい方にたっぷり感情をこめて呼吸をのばし、「すンませんでした」を切って落とすようにいえば、しぐさに代る充分な効果は出る。

『鼠穴』のクライマックス。主人公は十年がかりで無一文から築いた財産を一夜の大火で失い、金策もたたず、心ならずもひとり娘を吉原に売る。その金をふところに入れた帰りみち。『圓生全集』からの再録。

大門《おおもん》を出て見返り柳、あそこへくると後朝《きぬぎぬ》を思いだして、誰しもあとを振り返《かい》ります。

吉原の空は、紅《べに》を流したようにぽう…と赤くなっている……、

「(下手やや高目をぼんやりと見て)……辛抱してくんろ、なァ。汝《われ》も辛《つれ》えこともあンべえが、きっとおらァ稼いでおめえ連れに来るからなァ、どうか、淋《さむ》しかろうが、辛抱ぶて……」

「(突然)気をつけろいッ」

「(はっ、と両手で胸を押さえ、しばし大息をついた後)馬鹿野郎(下手へ見送って)何《あん》だ、汝《うぬ》が方から行き当たりゃァがって、気ィつけろって……おゥいてえ、息とまるかと思った、まァ、何《あ》んてえ野郎だ、おらが胸ェ突き当たりゃァがって、気ィつ

けろ……も……（急に気がついてふところを上から押さえ、内ぶところへ手を入れる）あッ、ど、泥……（棒、と叫びかけ、あきらめたようにやめると、がっくりして）……もうだめだ（帯を解くと、木の枝へかけて、結んで輪を拵える形。両手で、大きめの石を運んで据える形。帯の輪を首に当てると、涙ながらに手を合わせ）……南無阿弥陀仏…南無阿弥陀仏南無阿弥陀仏……」

ぽォ…ん（と、手を打ち）と、石をひとつ蹴る。

「うゥ…ん……」

金をすられたことに気がつくまでと、石を蹴るところは、さきほどのような具合で解決できる。問題は自殺を決意し、着手する、長いしぐさだけの部分だ。レコードでは次のようになっている。

「……もうだめだ……」

大きな松の木がある。帯を解き枝へかけて、結んで輪をこしらえ、そばにあった石をいざりよせてその上へ。涙ながらに手を合わせて、

「南無阿弥陀仏…南無阿弥陀仏南無阿弥陀仏南無阿弥陀仏」

すべてが地語りになる。文字にするとあまりに散文的な説明調なので、しぐさにくらべ、表現としては劣るように見える。しかし圓生師が独得のしっとりした語り口で韻をふむように語ると、ことばが簡潔なだけに、痛切な表現になる。しぐさの緊迫感に代わる、哀愁が美しい。前の簡潔な情景描写との対照も見事だ。念仏は実演より何倍も強調される。こういう表現をあみだすあたり、さすが圓生師というほかはない。こうして、実演とも放送ともちがうレコード落語は、なんとかかたちを整えてくる。(後略)

編集のいましめ

「実にどうも、いけませんねえ。この間《ま》の悪さてえものは」

圓生さんは苦りきっている。視線が合うと、大袈裟に口をへの字にし、まるで役者が見得をするように、リズムをつけて首を左右に振った。他人の芸に対してではなく、さっきしおえたばかりの自分の芸を聴きながらの反応である。

「テープをとめてくださいまし」

亀さんはテープをとめた。かなり大きな音量で再生されていた圓生さんの声が突然消えて、モニタールームの中は鎮まりかえる。

「もう一度、少し前から聴いてみましょう」

「そうしましょう。テープを戻してくださいまし。ア、それじゃ戻しすぎです。もう少しあとのところから。……はい、そのへんでよろしうございます」

　部分聴きをすると、ムード的な流れが断ち切られるから、細部がくっきりと浮かびあがる。これは問題点を探りあてる作業としての聴き方であって、鑑賞のための聴き方としてはあり得ないし、あってはならないと思う。

「やはりいけませんね。間《ま》が延びている。ちょいと詰めてください」

　語間の空白をつめることは、それほどむずかしい作業ではない。当時の録音の素材は、一秒間に三十八センチメートル進行する磁気テープだ。一秒の間づめは、三十八センチメートルのテープを切りとる作業ということになる。もちろん一秒も間隔があいているのは、間《ま》以前の問題で、これは聴き直すまでもなく処理の対象になる。一流の芸で間《ま》という範疇に入るのは、四分の一秒以下、テープの長さにして数センチ、あるいはそれ以下の時間差だ。

　時にはミリメートル単位の切り貼りをすることもあった。それでも聴いてみると結果は歴然と違ってくる。

「実にどうも微妙なものですねえ。徳川夢声さんがよく『間は魔』と言ってましたが、まったくですね」

亀さんの世代までの録音技術者は、みな切り貼りの手作業に長じていた。その後手切りから機械切りの時代になり、まもなく昭和五十年代後半から、デジタル録音が標準となって、磁気テープの手切り手貼りの職人芸は、あっという間に衰退してしまった。

完全な語間、完全な空白の詰めは簡単だが、どれくらい詰めるのかは勘できめるしか方法がない。

「半分くらいですか」

「それじゃア詰めすぎでしょうね。もう少し長目に残しておいてください」

こんなやりとりもしばしばあったが、結局それでは埒があかない。圓生さんにタイミングで指示してもらうしかなかった。流れとリズムをつかむために、問題のところの一分くらい前から聴き直し、圓生さんは口のなかで、あるいは小声で噺をなぞり、問題の間《ま》のところでは、次のことばの出る理想的なタイミングで大きく首を上下に振った。そのサインで亀さんは間髪をいれずテープを急停止する。そのポイントと、すでに録音されている次のことばとのあいだには、必ずテープ何センチ分かの時間差があった。それを切り落とし、つないでまた試聴し、うまくいけばその間《ま》づめは成功ということになる。

しかし、いつもそううまくいくとは限らない。文章でいう句読点の個所なら問題はないが、本来ことばとことばがつながっているはずのところに生じた空間を詰める作業は自然な仕上がりにならないことが多かった。まして、ひとつことばのなかで、ちょっと息が抜けて間があいたところなどは、もう編集不可能といっていい。

「出来ませんか」

「出来ません。ただ間隔があいているだけじゃないんです。言いよどみ風になっていますから、あとの発音もちょっと舌がもつれた感じになっています。間隔をつめれば、間《ま》としてはよくなるかも知れませんが、発音の不完全がかえって耳につくようになると思います」

「そうですかねえ。あたくしは大丈夫だと思いますが……」

圓生さんは、はじめのうち編集が万能だと思っていた。その誤解をとくのには多少時間がかかった。

「では、とにかくやってみましょう」

実際にやってみて、結果がいかに不自然かを実感してもらうしかなかった。

「なるほどねえ。ちょっと変ですね」

圓生さんは、間《ま》には神経質だったが、発音の疵や不明瞭、私たちがリップノイズと呼ぶ音、つまり発音や発声にともなって出る、たとえば唾液を小さく吸う音、唇の鳴りなどには、ほとんど無関心だった。少し耳が遠くなっていたせいもあったろう。とにかく音質はどうでもよく、流れ、言いまわし、呼吸、そしてなによりも間《ま》が、圓生さんの関心事だった。だから編集の仕上がりについても、間《ま》さえ訂《ただ》されていればよく、音の点で不自然になることを嫌う私や亀さんとは、観点がちがっていた。

圓生さんは、いったん気にしだすと、そこがとことん気になるひとである。しまいには疑心暗鬼になり、間《ま》を見失ってしまったかのように迷い、編集を何度やり直しても埒があかないことがあった。筋金入りの芸歴からは考えられないことに思えるが、名人と呼ばれるほどになるひとは、新人のようにうぶな面を持ちつづけているのかもしれない。

どんな理由にせよ、編集がスッキリとあがらない時は、いさぎよくそのへん一帯をやり直してしまうのが一番である。間《ま》は、幾通りも聴いているうちに見失いそうになるのであって、演じ直してしまえば少しの迷いもないものになる。私と亀さんも気分を変えて取り組むことができた。

圓生さんは聴きながらよく反省をした。

「あたくしの芸は無駄が多い。流れがよければ気になりませんが、悪くなると無駄なことばが耳につきます」

カットしても前後のつながりに障害がないところは抜きとった。芸の土台はしっかりしているから、たった一語の抜きとりで、その周辺は見違えるようにスッキリし、見事な表現になった。圓生さんは、そんなとき、たまらなく嬉しそうな顔をした。そしてつい欲が出て、過剰なカット処理を希望することもある。

「あそこは出来ませんよ、師匠。歌い調子という程でもありませんが、抑揚がついてよく流れているところです。抑揚のつながりが唐突になってしまいます」

「うゥん、でもねェ、ものは試しってこともありますから」

無駄を承知で実際にやってみせると、圓生さんは首をかしげた。

「ビクターで吹き込んだときにもこういう編集をして、うまくいったと思いますが……。技術と機械の進歩でごまかせなくなったんですかねえ」

「いいえ、技術や機械はビクターのころと基本的には変わっていません。もしかしたら、師匠のほうに変化があるのではありませんか。私の記憶では、以前のほうが抑揚が小さかったと思うのですが」

「……そうかも知れませんねえ。あたくしは、以前は確かにもっとスゥッと真っ直ぐにしゃべっていました……」

圓生さん自身の言う〝以前〟とは、私の知らない遠いむかし、圓生になりたてか、あるいは六代目橘家圓蔵時代を指していたのかも知れない。私が知った昭和三十年ごろからあと、圓生さんの芸風に基本的な変化はないだろう。

しかし、三十年代半ばにくらべると、四十年代半ば以降は、少し抑揚が大きくなり、とくに女のせりふは、より曲線的になったと思う。語り口は全体として濃い目の味付けに変わった。その原因のひとつは、年齢とともに声の高音成分が減衰し、低音成分が相対的に勝ってきたことではないか。そして、その抑揚の大きさ、多彩なことを好まないひともいることは確かだ。

これは推測だが、もし声質《こえしつ》が全く変わらないままだったら、圓生さんの抑揚は、晩年とくに大きくなることはなかったかも知れない。生理的な変化を、意識的にか本能的にか、芸風の微妙な対応で自然に補ったところに、圓生さんの柔軟で老けこまない芸の秘密があったように思う。

こんな体験を重ねるうちに、圓生さんは編集に無理な註文はつけないようになっていった。

「あたくしは演者で、あなた方やレコードを買うひとは聴き手です。演者と聴き手では立場が違いますから、どこか聴き方も違うわけで……。あたくしでなけりゃわからないこともあるし、聴き手でなけりゃわからないこともあるんですね。自分の芸は自分がいちばんよくわかっているつもりでも、実際にはわかっていないことがたくさんあるんです。こうして編集というものを実地にやってみて、自分のことばを切ったりつないだりしますと、今までわからなかったことが随分あるのに気がつきますねえ……」

圓生さんの編集立ち会いの目的は、仕事の初めとその後とでは、かなり変わったようである。立ち会いに新しい意義を発見して、圓生さんはますます意欲を持った。圓生さんにとって編集は完全主義の遂行の場だけではなく、次第に青年のような自己発見の場と化していったのかも知れない。

江戸のことば

レコーディングは、まずまず順調に進行した。手許の記録によれば次のとおりとなる。

『真景累ケ淵』
宗悦殺し……………六月五日、八日
深見新五郎…………六月十一日
豊志賀の死…………六月十二日

お久殺し……………六月三十日
お累の婚礼…………七月二日
勘蔵の死……………七月三日
お累の自害…………七月九日
聖天山………………七月十二日

一ヶ月と一週間でLP八枚分を収録したのだから、かなりのハイペースだった。つづいて、

『牡丹燈籠』
お露と新三郎………七月十六日
御札はがし…………七月十九日
栗橋宿………………七月二十三日

七月末から八月中旬いっぱい、私が海外へ出かけて中断。

『乳房榎』
おきせ口説…………八月二十四日
重信殺し…………八月二十八日

こうして、三ヶ月たらず、正味二ヶ月ほどで、LP十三枚分の収録だけは終えた。練達の芸とはいえ、滅多に口演しない部分が多いことを考えれば、これはかなりの強行軍だった。

圓生さんはこの間、ほかの仕事を極力セーブして録音に取り組んだ。このころの圓生さんには落語界、落語史における自分の位置、役割についてひとつの意識があったのだと思う。それが晩年の旺盛な芸欲の源泉であったような気がするし、この一連のレコーディングを自分の壮大なキャリアの仕上げにしようという意欲も感じられたのだった。

『真景累ケ淵』は、発端から全編ほぼ半ばまでを通し、『乳房榎』は発端のところだけ、『牡丹燈籠』は萩原新三郎・伴蔵主従の筋だけを通すという構成である。圓生さんは周到に考え、『牡丹燈籠』の新三郎の夢の件《くだり》をカットした。

「あそこは色気もあって、一晩の読み切りとして聴くにはいいところなんですが、前後を通した場合には矛盾するんです。新三郎と再会した時には、お露はもう亡霊です。新三郎は何も事情を知らない。ですから、お露の死を暗示する夢は見ていないほうが、再会が劇的になります。むかしの十五日興行の寄席で読み切りの続き噺として聴く場合には、聴くほうも日が改まっていますし、噺の手法として一晩一晩ヤマを張るのは当然ですから、矛盾があってもいいんですが、レコードとなると全部いっぺんに聴くひともある。そうすると、こういう矛盾は避けておいたほうが、あたくしはよろしいと思います」

〈お露と新三郎〉は、最初、圓生さんのメモでは、〈見染より〃カランコロン〃〉となっていた。圓朝の原作にはこまかいタイトルわけは施されていない。続き噺として口演した時代も、今夜は何々……、と銘打って興行したわけではない。何々の件《くだり》、という具合に楽屋で言い慣らされてきたものが次第に表へ出て、なんとなくタイトルめいてきたのだ。〈宗悦殺し〉を〈宗悦の死〉ということもある。その後半だけをやるときは〈宗悦の長屋〉ともいう。〈深見新五郎〉の後半を〈松倉町の捕物〉とすることもある。〈勘蔵の死〉には、いわゆる〈迷いの駕籠〉がふくまれている。〈栗橋宿〉は〈おみね殺し〉と〈関口屋強請《ゆすり》〉あるいは〈源次郎の強請〉を一緒に収録した。通常〈栗橋宿〉の口演は〈おみね殺し〉までが多い。

だから、個々の部分のタイトルについてはゆるやかに考えていたのだが、〈見染より〃カランコロン〃〉ではむかしの寄席のネタ帳そのままで、当節あまりサマにならない。新三郎とお露が恋におち、しばらくしてお露が死に、その霊が新三郎を慕って駒下駄の音高く訪れる……、というところだから、変哲もないが〈お露と新三郎〉にしてはどうかと思い、監修の宇野信夫氏に相談してみた。

「いいですね。そういう、事柄を具体的に説明しない題のほうが、底を割らなくていいんですよ。〈宗悦殺し〉などというのもね、宗悦が殺されることを前もって教えてしまうから良くはないけれど、それで通っているんだから仕方がないでしょう。〈お露と新三郎〉でいいと思いますよ」

宇野先生も賛成してくださいました、と前置きをつけて圓生さんに新しいタイトルを示した。

「変えるのはかまいませんが、どうなるんです。〈お露新三郎〉？」

「いいえ、と、が入ります。〈お露と新三郎〉です」

〈お露新三郎〉では、とたんに古めかしくなってしまう。〈お露と新三郎〉は、その後タイトルとしてひとり歩きし始めた。圓生さんほどのひとが記録にのこすと、それがいわば定本のようになり、定着しやすいものらしい。

宇野信夫氏は、本来の江戸庶民のことばを適切に用いるよう求め、時々ダメを出した。

「圓生さんほどのひとがやると、ことばでも知識でも、聴く人はそれが絶対正しいと思ってしまう。だから圓生さんの責任は大きいし、僕も監修の役をする以上、見過ごすわけにはいかないから」

たとえば、トンボを切る。

「トンボは返るもので、切るものじゃない」

トンボを返る、にやり直した。

見得を切る。

「世間ではそう言っていますね。ことばは時代で変わるものだから仕方がないけれど、圓生さんが噺のなかで言うときは、見得をするにしてもらいたい。見得はするもので、切るものじゃありません」

私どもでもわかる間違ったことばづかいもあった。「もんどり切って川の中……」。これは宇野氏に確かめたうえで、もんどり打って、に直した。

沈香《じんこ》も焚《た》かず屁もたれず。

「屁はひるもので、たれるものじゃない」と宇野氏。

「職人なら屁も糞も区別なしにたれると言ったかも知れないが、大店《おおだな》のあるじならば、正しく言わなければいけない」

『お藤松五郎』で、お藤の年とった母親が〝どれほど〟を〝どらほど〟と発音するのを宇野氏は賞讃した。

「古い江戸ッ子は、どらほど、と言ったんです。理屈で考えるとおかしいけれど、確かにそう言っていた。どらほどのことをしてくれたわけじゃあるまいし……、なんてね。圓生さんはそういうことばをちゃんと生かしてやっていますね」

長い圓生さんとの仕事の間に、こういう話はいくらでもある。演者と監修者は、この期間、限りなくつづく江戸の夕映《ゆうばえ》から片時も眼を離さなかったように思われる。

Xくんの失敗

〈お露と新三郎〉のとき、ちょっとしたトラブルが起こった。残念ながら、日付けの記録がない。この噺の録音完了日が七月十六日、その前にとった『真景累ケ淵』〈聖天山〉が十二日だから、あいだの七月十四日あたりのことだろう。

亀さんに退《の》っ引きならない用事が出来てしまった。といって、レコーディングを中止するわけにはいかない。代わりの技術者をたててやることになった。

亀さんは、それまでの八枚分の録音で、すっかり圓生さんの信頼を得、お気に入りになっていた。それは百も承知だったが、これから先、さらに長くつづけるつもりの仕事に、かけがえの技術者がいてもよかろうと私は思っていた。あまり深馴染《ふかなじみ》にならないうちに、もうひとりの技術者、Xくんをたててみたい。成功すればレコーディングもさらにはかどる、と考えた。

気むずかしい面のある圓生さんなので不安はあったが、先へ行くほど事はやりにくくなる。亀さんの不都合を天の与えとして試みることにした。

Xくんを紹介すると、やはり圓生さんはちょっと不安な顔をした。

「あァ、さいですか」

と、ふつうに挨拶は交したものの、圓生さんは久しぶりに用心深い表情をしてみせた。私は予想していたことだったが、初対面のXくんはピリピリして受けとめたに違いない。彼はおとなしく折り目正しいところのある青年なので、その性格をよかれと思ったのだが、それが裏目に出かねない様相を呈しつつあった。

しかし、もう乗りかけた舟だ。録音自体は何事もなく、無事に進行し終了する。だが不幸なことにこの日の圓生さんは快調ではなかった。編集、修正を要する個所は多めで、Xくんとしては御目見得から重い荷を背負うことになった。それにXくんは、亀さんのような落語大好き人間ではない。

「はい、そこの間《ま》、詰めてください」

そこ、と言ったときには、すでに数秒経過している。亀さんなら、ああ、あそこのことだな、とおおかた見当をつけてテープを戻すのだが、ほかのひとでは、なかなかそうはいかない。私は逐一、具体的に前後のことばをあげてその個所を指摘したが、台本がないので、話芸感覚がなければまごつく。その点を私は甘く見ていたわけで、Xくんには気の毒なことをしたと思っている。

圓生さんはだんだん苛立ってきた。

「あ、それじゃァ行き過ぎです。もう少し戻して……。ア、いけねえなァ、今度は戻し過ぎ」

ようやく場所を探しあてて、テープを詰める作業に入ったが、そこでも行き違いが生じた。圓生さんの首ふり合図の、首のふりはじめをとるか、ふり切ったところをとるか、それともその中間か、これは呼吸と慣れが生む選択だ。

――それじゃァ、ちっとも詰まっていません。

――今度は詰めすぎですよ。それじゃァ間《ま》もなにもあったもんじゃない。

Xくんが圓生さんのことばに過敏に反応すればするほど事態は悪化した。Xくんの生真面目が裏目に出てしまったのだ。

亀さんとて、百発百中だったわけではないのである。たしかに〝間は魔〟で、ひと筋縄

でゆく代物ではない。だが、信頼関係ができてしまえば、

「オヤ、亀さん、どうしやした。うまくいきませんね。夜遊びが過ぎた？　てへへ」

　で、事は済んでしまうものだ。

　話芸の間《ま》には、音楽の休止符のように、リズムに基づいて長さを決める基準がない。その前後のことばの状態、つまり発音の強弱や、言い切っているか、ぼんやりなだらかな調子か、ということで、間《ま》の長さも影響をうける。あとのことばとの関係でいえば、間《ま》は、その瞬間ばかりでなく、直後に追認されるという場合もある。まったく生きものであり、流動的で、つまり〝魔〟なのだ。

　圓生さんの合図にしたがってテープを詰めてみても、仕上がりが思うようにいかない場合はよくあった。

「あれ、この間《ま》でいいはずなんだが……。少ぅし詰まりすぎていますね」

　そんな時はたいてい、あとのことばが、圓生さん自身の記憶よりずっと調子が強く、声が張っているときである。その調子にひかれて、間《ま》の印象が何割か吸収されてしまうのだ。そんなときは間《ま》を延ばさなければならないが、逆に、あとのことばが強すぎるので、それを言い直したこともあった。私はこの仕事をするまで、もっと間《ま》というものをムード的にとらえていたので、これはとても貴重な発見であり、体験になった。

しかし、Xくんにとっては、それどころではない。圓生さんも苛立ってきて、やや自分の間《ま》が見えなくなってきたようだった。Xくんの手ぎわに不信感をいだいた以上、その結果はどうであれ気にいらなくなる。圓生さんは険悪な表情になり、コーヒーを飲もうともしない。

「こりゃア駄目ですな、今日は。呼吸が合わないひととやっても無駄です」

圓生さんは私の耳元でささやいた。私もそう思う。これ以上つづけてもXくんに気の毒だし、圓生さんは本気で怒り出しかねない。無理につづけたところで遅々として進まないだろう。

しかし私は、さらに十数分決着を引きのばした。圓生さんに言われてすぐに店をたたむのは、どうしてもいやだった。スタジオを仕切る権限は私にある。それを放棄する前例は、たとえ形のうえだけでも作りたくない。

私は圓生さんのささやきを無視した。聞こえないふりをしたのではない。ちょっとの間、圓生さんの顔を見つめて、ひとことも口をきかなかった。ちょっぴりスリルのある何秒間かだった。耳にはスピーカーからの圓生さんの噺が聴こえつづけた。

しかし、もう一度圓生さんにささやかれる前に店をたたんでおかないと、収拾がつかなくなるおそれがある。咳ばらい、痰切り処理という難のない作業がつづいたのを幸いに、私はXくんと事を進めた。圓生さんは苦り切った顔でもう何も言わず、冷めたコーヒーをすすり始める。

あきらかに間《ま》の悪いところがあったが、圓生さんはもうなにも言わない。そろそろ潮時かな、と思って私はXくんに話しかけた。

「もう四時近いんだが、まだ四分の三くらい残っているよね」

「はい。まだ初めから十二、三分くらいのところまでしか……」

Xくんは済まなそうに小さな声で言った。

「いや、そんなこともあるよ。どうだろう。どう頑張ったって、あと一時間かけても全体の半分まで作業できるかどうかだ。師匠もお疲れのようだし、このへんでやめようか……。師匠いかがでしょう」

「へえへ、そういたしましょ」

圓生さんは、プイと立ち上がり、手洗いへ行った。私は消沈気味のXくんをひとことなぐさめ、すぐ電話で車を呼んだが、到着までに七、八分はかかるということだった。つなぎにもう一杯お茶をとろうかとも思ったが、

「そんなにお茶ばかり飲みたくありません」

と圓生さんは素《そ》っ気《け》なく言い放った。

とにかく第五スタジオを出て、階下のロビーで車を待ってもらうことにした。

「まァ、あのひとも一生懸命なんだろうが、あれじゃァ、あたくしはとても仕事ができません。やはりイキのあったひととコンビを組まないとねえ。あとはずっと亀さんにしてくださいまし」

まだ顔はこわばっていたが、圓生さんは冷静な口調に戻っていた。

私は不明を詫びた。簡単にかけがえが見つかると思ったのは、私の見通しの甘さである。こういう事態になったのは、多分に圓生さんの性格によるところもあったが、それを心得て事を運ぶのが私の役であったから、釈明の余地はなかった。師匠ごめんなさい、と言うしかない。もちろんXくんはスタジオの中を片付けていて、その場にはいなかった。

「まァ、これからずっと亀さんでやれれば、それでいいんですから……」

「亀谷はほかの仕事も持っていますから、師匠のスケジュールにいつも合わせて行動できるとは限りません。それは御承知ください」

「それはそうですとも。あたくしひとりの都合がよくたってどうにもなりません」

「亀谷を極力確保しますから、師匠も早目にスケジュールを出してください」

「はい、承知しました」

翌日、私は亀さんに言った。

「心中だよ」

以後、圓生さんが亡くなるまでの六年間、演者と亀さんと私のトリオは、一度も変わることがなかった。

『圓生百席』

『三遊亭圓生　人情噺集成その二』は十一月二十一日に発売された。この種のものとしては規模も最大なら、価格も破格という商品のため、初回の生産はかなり抑え気味だった。レコード店も当初は註文を控えたようだ。だが、新聞などマスコミでは話題の企画として大いに採り上げてくれたので、たちまち品切れの状態となった。その状態は半月ほどで改善され、あとの動きは順調だった。

圓生さんも安堵の顔色になった。暑中見舞などを機会に、圓生さんはお客筋に大いに宣伝をしてくれたのである。

『人情噺集成』続編の企画はその間に進行し、レコード二枚分くらいの噺、つまり『乳房榎』と同じくらいのスケールの噺を集めることになった。一般的な知名度はあまり高くない噺だったので、六枚組二巻に分けることになった。『髪結新三《かみゆいしんざ》』、『梅若禮三郎』、『松葉屋瀬川』で『人情噺集成その二』。『双蝶々《ふたつちょうちょう》』、『ちきり伊勢屋』、『札所の霊験』でその三。レコーディングは「その一」にひきつづいて、昭和四十八年十一月十九日から始まり、翌四十九年四月二日に『双蝶々』の芝居噺の部分をとって終了、発売は四十九年六月だった。

出口さんは、

「『髪結新三』は三遊亭のお道楽だ。たいしていいものじゃない」

と言ったが、それは少々シニカルに過ぎた見方で、黙阿弥の芝居以前に春錦亭柳桜の人情噺があったということを納得させる口演だった。

この六編の人情噺は、圓生さんが芸の意欲の赴くところをとりあげ、ふくらませて構成した噺ばかりなので、ムラのない仕上がりにまとまった。圓生さん晩年の芸のエッセンスは、この六編のとりどりの場面にぜいたくに鏤《ちりば》められている。

六編のレコーディングを進めながら、私は折りにふれて、さらにそのあとの企画を圓生さんに働きかけた。人情噺はこれで一段落、あとは落語に移りましょう。速記『圓生全集』の録音版をつくってみようではありませんか——。

——あたくしが人情噺のレコードを始めたら、いろいろなレコード会社が急に落語を始めましたね。もっとも、文楽、志ん生、金馬、死んだひとばかりですが……。そう落語ばかり一時に出しても売れないでしょう。この時期に後続の企画をやるてえのは、どんなものです?

——そりゃ、あたくしはネタは多いけれども、レコードにして売れるネタとなると、どうですかねえ。ビクターにもいれているし……。

——とても『圓生全集』のレコード版なぞは出来ません。速記の場合は覚えたままを載せてもなんとかなるし、文献としての価値もありますが、レコードは芸そのものを聴かせますから、練って自分のものにしてからでないと、とてもあとへは残せません。ですから、噺の数は速記よりずっと減ります。

圓生さんは当初まったく否定的だったが、脈のない言い方ではなかった。そして何度か話をしていくうちに、明確に肯定はしないまでも、否定もしなくなった。『人情噺』の口説きのときと同じで、しかも、さらに緩慢なペースで、話は熟していった。

どうやら圓生さんは、落語に関しては、表向き自分のイニシアティブをゼロにしておきたかったようだ。会社の熱望によりやむを得ず腰をあげる、ということにしておきたかったようだ。寄席に出ないでレコードばかり作っている。そんな蔭口が耳に入っていたのかも知れない。

「あたくしは金儲けのためにレコードを作っているんじゃアないんです。あなたはギャラをくださる立場だからおわかりだと思うし、あなたを前にして言っちゃナンですが、レコードのギャラだけじゃ、おまんまの食いあげです」

それは確かにその通りだ。ヒット性の高いものと違い、落語や人情噺のレコードの売り上げから絞り出せる金は、たいしたものではない。それを言うのは圓生さんの卒直なところで、私は、また言われたと思いながらも、

「安くてごめんなさい」

「てへへ」

で、済ませてしまった。裏表のないところが、むしろ私には気持ちがいい。だが、たいていのひとがギャラのことを言われて気を悪くし、圓生さんの人柄を良く思わなかったのも、またやむをえないところである。

『人情噺集成』三巻の完成が見えてくると、圓生さんはようやく腰をあげた。落語をどういう形で発売していくか決まらないままに、とにかく録音だけは開始することになった。最初のレコーディングは昭和四十九年七月十日、演目は『中村仲蔵』である。ある程度録音のとりだめをし、発売は昭和五十年に開始することになった。録音は順調に進行し、とくに十月には七回も行って七席を収録、十一月二十七日に十八席目の『錦の袈裟』をとり

終えて、四十九年の収録は終了した。

その四十九年暮れには、ほぼ発売の時期と形とが固まった。LP三枚組六千円で一期二巻ずつ、年三回、つまり四ヶ月間隔で発売していき、およそ五年、あるいはそれ以上かけ、少なくとも全体で三十巻、ということはLP九十枚にあたるのだが、それくらいを全体の目安とし、噺の数としては百以上収録する。タイトルはわかりやすく『圓生百席』。

――冗談言っちゃいけません。百席だなんて、今から数《かず》を切られた日には気が気じゃありません。あたくしも齢《とし》ですからね、百まで保《も》たないかもしれない。そうなったらどうします。欲張った企画をたてて途中で死んで笑われるのは、あたくしはいやですよ。題には数をいれないで、出来たものだけを出すということにしてくださいまし。

――七、八十席までは自信がありますが、百までとなると、稽古を仕直さなければならない噺が相当にあります。あたくしはね、あらかじめ何十分でやってくれとか、何席やってくれとか言われるのが、ひじょうにいやでしてねえ。もっと気ままにズボラにやらせてもらいたいんです。

これはちょっと意外なセリフだった。まるで五代目古今亭志ん生の言い分のようで、圓生さんには似合わない。几帳面で、ズボラになれない圓生さん。だからこそ、志ん生のようでありたい、というひそかな願望があったのかも知れない。

「近ごろはレコードでも書籍でも、茫洋とした題より、数で中身を示すやり方のほうがウケがいいんです。大丈夫ですよ。師匠は年齢よりもお若いし健康でしょ。今のペースで録音していただければ、二、三年で百席はとれます」

「二、三年と言ったってねえ、あなた方の二、三年とはちがいますよ。あたくしは今数えの七十五なんですから、いつどうならないとも限りませんし、災難にあうことだってありますよ。百と請け合ってそれが出来ないてえと、嘘をついたようになる。それがいやなんです」

こんなやりとりが何度かあって、結局圓生さんもこちらの案通りにおさまった。

昭和五十年一月に、虎ノ門ホールで圓生独演会がひらかれた。『双蝶々』〈権九郎殺し〉を芝居噺でやるというので評判をとった会である。といっても道具立てではなく、下座と照明効果を使い、それに芝居噺の振りをつけ、道具替わりのところは暗転にして圓生自身のナレーションを録音テープで流すという新感覚の芝居噺だった。

この会は『人情噺』から『百席』へのプロジェクトの移行を記念する意味あいもあって、仲入り後の質問コーナーでは、圓生さん自身の口からレコードの宣伝をすることになった。いくつかの質問に答えたあと、介添の弟子にもちかけるかたちで圓生さんは話し始めた。

「え、もういいでしょ？　レコードのことを言っても……。（今日は）これを言わなくちゃいけない。えェ、今年からまたあたくしはレコードを出します。今度は落とし噺というこことで……。えェ、今録音をどんどんとっておりますが、落とし噺というとたいへんでございます。なにしろ数が多いんで、まァ、あたくしの持ちネタを残らずいれようと、レコード会社のほうでは欲張ったことを言っておりまして、しかし、あたくしも齢《とし》でございます。『百席』なぞと数を決められても保証いたしかねますので、いやだと言ってお断り申しました。しかし、どうも会社のほうにも強情なひとがいまして、どうしても百席だ、という。えェ、あたくしとしてはまことに心もとないんでございますが、仕方なく承知をいたしました。やる以上は一生懸命つとめます。どうぞ買ってくださいまし。レコードてえものは借りちゃいけませんよ……」

最後は大いに客を笑わせて拍手をとった。百席引き受けの言い訳などしなくてもいいのに、と私はおかしかった。それからもしばしば、こういう場で圓生さんはこういう発言をしたものだ。

『圓生百席』のスタートは、マスコミで大きく報道され、スタジオには各新聞社からの取材が絶えなかった。そのインタビューでも圓生さんは、百までいかれるかどうかわからないが、会社の要請でして、と私のほうを向きながら、よく言ったものだ。

報道のおかげで売れゆきは順調だった。しかし巻を重ねるほど、レコード店には荷が重くなるのは目に見えている。だから、店に商品がなくても、すぐに取り寄せることができるよう、しっかりした全貌のカタログを作成することが急務だった。昭和五十年の後半、私はしばしば圓生さんをつつき、全巻の枠組み設定を迫った。

「そうあなた、やいのやいのと言われましてもね、とても百からの噺を並べておさめるなんてことは……。本当のところは、やってみなけりゃアわからないんです。レコード片面ですむか、両面にわたるか、見当の付きかねる噺がいくらもありますし……。それと、ふだん実演では、小ばなしをマクラとして、いくつかの噺に共用していますが、今度は一連のレコードですから、同じマクラは他の噺には使いたくありません。そうしますとマクラの構成もし直さなくてはいけませんから、噺の長短が自分でもやってみないとわかりません。それから、ひと組のなかで、廓《くるわ》の噺がふたつとか、さむらいの噺がふたつとか、つまりつくのは避けたいですし、まァ、そう簡単に組み合わせは決められませんよ」

しかし、まもなく圓生さんは全体の構成に熱を入れ始めた。自分で演目を整理、選別し、ノートにつけて三十巻の構成をつくり始めた。たまかな圓生さんは、大学ノートを買ったりはせず、テレビの芸能ショーなどに出演した時の古いザラ紙台本を一枚一枚裏返し、それを二つ折りにして糸や紐でとじて手づくりノートをこしらえ、定規で丹念に線引きをして、そこに一巻ごとの構成を書きこんだ。

ずいぶん手間がかかったと思うが、こんな作業が楽しいらしく、何冊かそのノートを作りかえた。そして楽屋などでひまがあると、そのノートを見つめては想を練り、検討を重ねていた。

こうして昭和五十一年春までには、全体の構想は細部まで確定し、昭和五十四年十二月新譜の最終巻まで発表できる運びとなった。あくまで予定、ということで、演目の変更、追加、そして片面ものと両面ものとの入れ替えなどに含みを残しておいたが、結局最後まで少しの変更も生じなかったのは、圓生さんの几帳面な性格を物語るものだろう。

『圓生百席』三十巻の売れゆきは巻によりまちまちだが、十年を経過して三千組も売れた巻もある。それよりも『人情噺集成その一』が、二万五千円という高額商品なのに、二千組も売れたことを特筆すべきだろう。そして、圓生さんの死後、LP百十五枚の全録音の過半は、CBS・ソニーファミリークラブという系列会社から、通信販売向けの商品として三種類の企画で再発売され、最も成功したものは、三十枚（本）組のLPとカセットテープあわせて万を超える数量を記録した。

やがてLPはCDに替わり、私どもの社名もCBS・ソニーレコードからソニー・

ミュージックエンタテインメントに改称となり、『圓生百席』と『人情噺集成』は、平成九年から十年にかけて、CD版『圓生百席』として復活した。噺の組み合わせは一新され、CD二枚組五十八巻、計百十六枚。LP時代に劣らない売れ行きである。

圓生さんの芸を確《しか》と座右に置くひとが、それほどいるということは、将来の落語のあり方、評価の基準などにも少なからぬ影響を及ぼすのではないか、と私は思う。

対談

レコードの解説文は、監修の宇野信夫氏に書いていただいた。年に数回、氏のお宅にうかがうのは私の楽しみのひとつでもあった。万葉仮名を用いた氏の文字は高尚達筆にすぎて、慣れない印刷職人にはお手あげだったため、私は原稿をいただいてくると、それをすべてリライトし、私の拙い金釘流に書きかえた。だから宇野氏の原稿は無傷で残っている。

ほかに三遊亭圓生自身の文章も掲載した。これは私が圓生さんと対談をして、それを圓生著として文章におこしたものだ。『寄席育ち』をはじめ、圓生著の主なものは、山本進さんが文章にしているが、そのスタイルなどを、ずいぶん参考にさせていただいた。

この対談は、いろいろな話が聞けて、私にとってはかけがえのない体験だったが、圓生さんは興がのると話にとめどがなくなり、素材の量が多くなりすぎて、文章おこしに往生した。

対談の場所はいつも圓生宅の応接間である。私は質問事項のメモと収録用のカセットテープ何本かを持って行った。圓生さんは私の顔を見ると押し入れからカセットテープレコーダーとマイクロフォンを持ち出す。

いずれも新品同様の保管状態だった。ダンボール製の商品ケース、その内部四隅にはめこむ硬い発泡スチロール製の枠、そして本体を包むポリエチレンの袋、すべて整っていて、正札をつければ陳列してもおかしくないほどである。圓生さんは、丁寧に外装のひとつを外してはそれを片付け、まるで宝物のように本体をとり出し、電源コードの接続ももむろにした。

物を大事にする明治気質と、圓生さんの几帳面とが一緒になって、ほとんど儀式といってよかった。到底手を出しかねて、私はいっさい手伝わず、いつも傍観を決めこんでいた。手伝ったとすれば、新米の前座が楽屋で着物をたたむときのように、圓生さんの鋭い視線を浴びつづけたことだろう。

ふつうなら二分くらいですむ準備に、たっぷり七、八分はかかった。

「ホワッ、ホワッ、ホワッ」

マイクロフォンのスイッチを入れ、圓生さんは奇声を発した。なんの真似か、不思議なマイクテストだった。テープを戻して、圓生さんは録音されているかどうかを確かめる。もう一度奇声が室内に流れた。

そんなことをしなくても、メーターを見れば入力の如何はわかるのだが、どうしても耳でたしかめないと気が済まないのだろう。レコーディング同様、「杉は直ぐ松はゆがみておもしろし」と、自室で改まったらおもしろいな、と私は思ったが、いくらなんでもそんなことは一度もなかった。

かれこれ十分間を費して、事は始まる。

「へい、お待たせをいたしました。それでは始めるといたしましょう」

それからの圓生さんは、打って変わって自由になり、私の質問に応じ、質問から逸脱し、芸談を、蘊蓄を、思い出を、しゃべりまくるのだった。

いつも午後二時ごろから始めて、四時には切り上げたいと思っていたが、たいてい五時ごろまで延びた。電話など邪魔が多かったせいもあって、五時をすぎてもまだ終わらず、晩御飯をお付き合いして、七時すぎに再開などということも二度ばかりあった。八時すぎまでかかってテープを止めたあとも、話にのった圓生さんは、お茶だ果物だと引き留めて、話しつづけたものだ。

落語協会分裂劇のころから圓生さんの時間が取りにくくなり、私は対談形式を諦めて、質問事項をより細かくメモし、テープと一緒に圓生さんに預けて、寸暇をさいて独演でしゃべってもらうことにした。そのほうが話が簡潔で文章おこしはずっと楽だった。

あとから思えば、なんとか時間を見つけて、一回でも多く対談をしておけばよかった。

これらのテープは最初、用済み後消して再使用していたが、途中から保存することにした。今でも半数以上が私の手許にある。その、各演目ごとのサワリは、『百席』のCD化にあたって余白に収め、公開している。

新幹線の車中で対談をしたことがあった。その前後に時間がなく、一緒に西下するなら、

「汽車のなかは退屈でげすから」

その時間を有効につかおうということになった。大阪までの旅程だったが、話は京都あたりで完了した。走行音の伴奏つきで、今は鉄橋、そしてトンネルと音を識別でき、車内アナウンスや売り子の声、名古屋着発などもともに記録されていて、このテープは楽しく、文章おこしにもはずみがついた。

どうしたことか、そのテープは、いくら探しても出てこない。

エクレア怖い

圓生さんは二食主義だったが、スタジオでは、おやつを食べた。朝十時台に食事をして、一席録音しおえると二時台、あるいは三時。小腹がすいてくるのも当然である。六本木の青野という和菓子店の「鶯」が大好物だった。これは鶯餅に一工夫したもので、餡のはいった小粒の求肥がふたつ、黄粉《きなこ》にうまって包まれている。一般的な鶯餅は餅に青黄粉をまぶしているが、これはふつうの黄粉で、それもその当時は、かなり深い褐色に仕上げた、豆の香り高い濃厚な黄粉だった。食べ終わったあと、包みのなかにいつも黄粉がかなり残った。

いくら好きといっても毎度ではと思い、ほかの焼菓子何種か、夏場は水ようかんや錦玉かんなども取りまぜておくのだが、圓生さんはきまって「鶯」を手にとった。

「あたくしはね、この黄粉が好きでしてねえ」

毎年一月はレコーディングを休んだので、圓生宅訪問の折り、この「鶯」を手土産に持っていくと、とても喜ばれた。

「あたくしは、ふだんはあまり甘いものをいただかないが、スタジオへ来ると食べますね」

などと言いながら、たいてい和菓子はふたつ食べた。ふたつ目は黒砂糖仕立ての「老松」という焼菓子を選ぶことが多かったが、「鶯」をふたつということもよくあった。いつも同じ和菓子では能がないので、六本木の場所柄、ケーキを買ってきて、コーヒーを取り寄せることもよくした。エクレア、またはシュークリームが好物だった。六本木のケーキはどこのも比較的小ぶりだから、これもふたつ食べることがあった。まずきまってふたつ目もエクレアだった。レコーディング見学のひとが差し入れを持ってくるというので、洋菓子ならエクレアが好物と伝えておいた。差し入れの箱をあけてみると、エクレアばかり二十個以上も詰まっていたので、私はあきれた。圓生さんものぞきこんで、

「うふっ」

と、なんとも言えない反応をした。結構な味のエクレアだったので、私も亀さんも食べたが、十数個残ってしまった。持ってきたひとが帰ると圓生さんは、

「驚きましたね、どうも。なんです、これは。いくらあたくしが好きだったって、そんなに食べたら心持ちが悪くなりますよ。好物であたくしを殺そうてえ了簡。『饅頭怖い』ならぬ〝エクレア怖い〟でげすねえ」

と言って笑った。

残ったお菓子は、ほとんどの場合、圓生さんに持って帰ってもらった。お菓子の箱を後

生大事に抱えて、車に乗りこむ圓生さんの姿が忘れられない。

圓生ばやし

下座音楽、〝あがり〟と〝うけ〟のお囃子の選曲と録音は、圓生さんの大きな生き甲斐のひとつだった。『圓生百席』になってからは、歌舞伎の下座音楽ばかりでなく、寄席の下座音楽、はやり唄、端唄、俗曲、民謡、長唄、浄瑠璃全般にまで素材を求め、噺の内容に合わせた選曲を考えた。『寝床』、『豊竹屋』、『後家殺し』など、義太夫に縁のある噺では太棹《ふとざお》も用いた。

なにしろ百十席にのぼる噺のすべての〝あがり〟と〝うけ〟をダブらせずに選曲するのだから、計二百二十曲を考えなければならない。しかも『人情噺集成』で使った曲は使わない。そのうえ『人情噺集成』の『双蝶々』、『百席』の『芝居風呂』、『掛取万歳』、『お藤松五郎』などの芝居噺仕立て、『汲みたて』のような音曲噺もあるというわけで、かなり下座録音に時間をとられた。

圓生さんは、時間があれば想を練り、選曲の妙を得ると、すっかり得意になって、あの噺にはこれを思いつきました、と嬉しそうに話すのだった。そして録音の日はいつも元気いっぱいである。噺そのものの録音のときより解放感があるのか、溌剌としていた。その旺盛な意欲のあおりをうけるのは、手伝うお弟子さんたちである。

三味線は落語協会所属の平川てるさんをワキに、邦楽全般をよく心得、技術も的確と圓生さんが高く買う葭町《よしちょう》の福富みのるさんがタテにすわってコンビを組んだ。

鳴物は堅田喜十郎、喜四郎さん。唄は圓生さんと海老一染之助さん。染之助さんは器用なので、笛や太鼓にもまわった。太鼓のほか、あしらいの楽器と笛に圓弥さん、生之助さん、旭生（のち圓龍）さん、梅生（のち圓好）さん。海老一染太郎さんにも手伝ってもらったことがある。

また一回目の録音のときだけ、唄で岡安與志枝さん、鳴物で望月太意次郎さんが加わった。義太夫の三味線は豊澤和孝、孝二郎さん、そして柝《き》は名人・竹柴蟹助さん。

圓生さんも業界のちがう喜十郎さん、喜四郎さんやみのるさんには、一目置いてもいるので註文はあまりつけられない。齢が近くてごくおとなしいおてるさんにも物が言いにくいから、矛先はもっぱらお弟子さんたちに向けられた。

『双蝶々』の芝居噺のところでは、セリフと下座のからみがうまくいかず、圓生さんは額に青筋を立てて怒鳴るほど立腹したが、たいていの場合は親しみをこめた小言だった。だが、言われる身としては、自分に多少のドジがあっても、いい気持ちはしなかったろう。

圓弥さんは一門のなかでは邦楽の素養があり、林家正蔵仕込みで芝居噺にも心得があったから、圓生さんは一応の信頼をおいていて、芝居噺ではツケを打たせた。

「なんだい、お前のツケは。間《ま》もなにもない。いいかい、あたしは見得《みえ》をしているんだよ。よく見て打ってごらん、トォン……カラァン……と。そのあいだに充分に見得をさせてくれなくちゃアいけませんよ。お前ならわかるはずだ。自分が芝居噺をしてごらん。そんなせせっこましい打ち方じゃ、見得にならない。もう一度やり直し……。あ、また駄目だ。どうしてそうせせっこましいんだろう。打つことばかりに気がいってるからそうなるんだ。見得っていうのは、ふつうの仕草とはちがうんだから、パタパタと打たないで、トォン……それからカラァン。こんなことで手間をとらせないでおくれ。あたしだってくたびれちゃう」

何度やっても圓生さんの気にいらない。

「あァア、いい、いい。あたしが打つ。よくそのイキを覚えておきな」

圓生さんはツケ板の前にしゃがみ、下座にのせてセリフを言い、ツケを打った。モニタールームで神妙に聴いていた圓弥さんは、

「なァんだ。俺のと変わらない」

圓生さんは見得をし、圓弥さんが合わせてツケを打つ、というやり方だったのだが、

圓生さんには見得のときに思い入れがある。心理的な時間が実際の時間より拡大して、そこに間《ま》の感覚の差が生じるものらしい。

ツケを打つ立場と二役になってみると、圓生さんの間《ま》は圓弥さんと差がなくなってしまった。そしてレコードを聴くひとにとっての間《ま》も、まずそんなところに落ち着くだろう。試しどりしたテープを比較試聴した圓生さんは腑に落ちない様子だったが、若い圓弥さんのツケのほうが力があり、音にムラがなく、結局圓弥さんのを使うことになった。

『三十石』の水音《みずおと》の太鼓は、あとから噺にかぶせてダビングをした。圓生さんは、ビクターでもそうだったと言って、ヘッドホンを耳につけ、自分の噺を聴きながら、バチをとって太鼓を打った。だが年齢のせいか、音に均質感がなく、時々テンポがゆるむ。これはプレイバックでわかったらしく、素直に生之助さんと梅生さんに役割をゆずった。

圓弥さんと私とは、いつも録音の何日か前に、楽器選定のために浅草田原町の岡田屋布施へ行った。『おさん茂兵衛』の〝あがり〟に下座唄の〽露は尾花と……を用いることになり、あしらいに虫の音がいるので、小竹でつくった虫笛を三つばかり借りた。趣味人の圓弥さんは、安いものだから、と自分用の虫笛を買った。

当日の録音は虫笛が豊富で、虫のすだきがしげく、いい仕上がりだった。

「虫笛を買ったのかい」

「ええ、これは自分のです」

その日、圓生さんは録音終了まで、圓弥さんを「虫」と呼んだ。

「おい虫、鉦《かね》を叩きな」

ちょっと手が空いたので、圓弥さんはスタジオを出てモニタールームへ来た。そして、ひとりだけ食べそこなっていた昼食の弁当をつかっていた。

「ひでえなァ、ウチの師匠は。ひとのことを虫、虫ッて」

圓弥さんは軽くボヤいた。

「おい、圓弥の姿が見えないが、どこへ行ってるんだい」

「むこうで弁当を遣ってます」

「おいおい。虫のくせに弁当なんぞ食べてちゃいけない。こっちへ来な」

このスタジオに来たお弟子さんたちは、圓生さんの熱中からくる小言を明るく受けとめていた。その瞬間は、いい気持ちはしなかったにしても、究極師匠を慕い、尊敬しているひとたちだった。

「みんなウチの師匠を怖いと言いますけどね、いったんふところに飛びこんでしまえば、おもしろ味のあるやさしいひとなんです」

生之助さんは、よく、そう述懐したものだ。

記者会見のハプニング

『三遊亭圓生　人情噺集成その一』が発売された昭和四十八年は、圓生さんにとって記念すべき年だった。三月の御前口演、そしてレコードのスタート。十一月二十八日には、日比谷の日生劇場で独演会が開かれた。

死の半年前の五十四年三月に圓生さんは歌舞伎座で落語家として初めての独演会を催して大成功を収めた。これは圓生さんの到達したピークを示す企画だったが、五年以上先立つ日生劇場公演は、冒険としてはそれにまさるものだったと思う。落語家初のグランドシアター公演、しかも落語と日生劇場とのコントラストには意外性と新鮮味とがあった。ちょうどレコードの発売時期とも一致して、大いにパブリシティにのり、六代目三遊亭圓生の評価をいやが上にも高めた。この公演は圓楽さんの星企画が打ったヒットだった。

日生劇場は、そのちょうど十年前、カール・ベーム指揮ベルリン・ドイツオペラの公演、ベートーヴェンの『フィデリオ』で柿落《こけらおと》しをしている。その夜もこの劇場に居合わせた私にとっては、何ともいえない感慨があった。ヨーロッパ・スタイルのこの劇場で、蠟燭の芯を剪《き》りながら『真景累ケ淵——深見新五郎』をしっとりと語った圓生さん。この場が似合うのは、八代目桂文楽でも、五代目古今亭志ん生でも、彦六の林家正蔵でもなかった。

演目はほかに『紫檀楼古木《したんろうふるき》』、『豊竹屋』と渋く、出口さんは、

「驚いた。こんな華のないネタで独演会をやるなんて冗談じゃない。デカいうえに赤毛モンの小屋だし、大丈夫かな」

と苦い顔をして危ぶんだ。そして陛下の御前へ出てから、三遊亭の名人きどりは鼻につく、という意味のことを付け加えた。これはひとり出口さんの感想というよりも、当時の落語界の圓生さんに対する雰囲気そのものであった。

『圓生百席』の最初の発売は、五十年四月二十一日である。タイトルのわかりやすさがきいて、新聞、雑誌に大いに採り上げられた。録音は前年から進行していたので、記者や取材者はスタジオへやってきては、合い間を見て圓生さんにインタビューをし、私もついでに取材されたりした。五十年の春は、取材の入らない日がないほど、スタジオは来訪者で賑わった。

圓生さんは気さくに応じた。中年まで人気が出なくて苦労したひとだけに、取材されることはありがたい、と決していとわなかった。説明好きで叮寧な圓生さんなので、肝腎の録音時間をくわれることもしばしばだった。

取材者で落語や話芸をよく知っているひとはあまり多くない。トンチンカンな質問が出て、説明に手間どることもずいぶんあった。取材者が帰ったあとで圓生さんは、

「どうも、ああ話がわからなくっちゃァ、どうにもしょうがない」

と笑った。

新聞社が派遣するインタビュアが、圓生さんの嫌いな人物であることがわかって、事前にそのひとでもいいか、と圓生さんに確かめたことがある。

「ええ、あのひとは、あたくしは嫌いです。でもね、新聞社が、たってそのひとを、と言うなら受けましょう。宣伝になるんでしたら、あたくしはかまいません」

スポーツ紙などは圓生さんの自己流ヨガ体操を取材して、レコードを二義的に書くというやり方が多かった。それでも記事にならないよりはいいので、会社の販促担当者はそういう取材をいくつか実施した。そのたびに圓生さんは自室で薄着になり、座したまま額を畳にこすりつけられるほど柔かい身体を誇ってみせた。

あきらかに流行歌の宣伝のダシにされるような取材は断わってもいいですよ、と私は言ったが、時間のある限り圓生さんは応じた。六本木のディスコで深夜に新人歌手の女の子とゴーゴーを踊り、「師匠、ゴーゴーの感想は」「ゴーゴー道断」などというのは、なんともいただけなかったが、圓生さんは嬉しそうだった。昇り詰めたひとにとっては、そん

な記事もマイナスにはならない。その後、黒人と日本女性の間に生まれたその新人は、スタジオにひょっこり現われて、圓生さんとすっかり意気投合していた。

こうして東京での取材は折りにふれて行われたが、関西では合同記者会見を行うことになり、五十年五月連休明けに、圓生さんと私は西下した。

私どもの大阪営業所の主催により、ホテルプラザの一部屋で開いたこの会見には、大阪のマスコミのほとんどが来てくれた。記者たちにまじって、上方芸能界では大物の吉田留三郎氏がいる、ということを聞かされたのは開始の直前だった。

吉田氏は漫才作者、芸能研究家として知られていたが、圓生さんは吉田氏のことをまったく知らない。吉田氏は前の方に陣取り、しきりと専門的な質問を試み、あたかも圓生さんとの対談を欲しているかのようで、それはそれで結構なのだが、当日の目的には添い難く、司会役の私は、全マスコミに興味のありそうな話題に引き戻すため骨を折った。

吉田氏は、しまいに妙なことを言った。

「私は師匠の『厩火事《うまやかじ》』を聴いたことがありますが、録音はしないのですか」

「『厩火事』？　あたくしは『厩火事』はいたしません」

「でも、私は聴きましたよ」

「こりゃアどうもおかしなことで。あたくしは『厩火事』はやらないんです。それは自分がいちばんよくわかっております。『廐火事』なら文楽さんでしょ」

「いや、私も文楽さんと圓生さんの区別はつきますよ。文楽さんの『廐火事』はよく知ってます。だからなおのこと、圓生さんがやっているのを聴いて、へえ、圓生さんもやるのか、と思ったんです。それで覚えているんですよ」

「とおっしゃっても、あたくしには身に覚えがないんです。自分の身体のなかにないものは自分でわかります。若い時分もふくめて、一度もやったことはありません。あたくしのやらない噺なんです」

「いや、私はたしかに聴いてます。それは実演じゃなく、テレビでです。劇場の楽屋で見た。噺全部は聴いていません、一部分ですがね、たしかに聴きました。それくらい状況もはっきり覚えているのですから確かです」

「困りましたねえ。本人がやらないてえものを、そう強情に言われても……」

話がおかしくなってきたので、私は割って入り、適当に話題をすりかえて切り抜けてしまった。

「なんです、あのひとは。どういうひとなんです。実にどうも、わけのわからない。芸人はね、自分でやるものとやらないものとは、はっきりわかっているんです」

圓生さんはカンカンになっていた。私は、吉田氏の聴いたのは、間違いなく圓生さんの、しかし『厩火事』ではなく『洒落小町』ではなかったかと思う。女主人公が亭主のことを罵り、相談相手に別れたらどうだ、と言われて急に未練が出てくる、そのあたりが類似しているからだ。

だが席上、腹を立ててしまった圓生さんは、そこへ思いめぐらすこともなく、また司会役の私も、満座の中でそれは『洒落小町』でしょう、とは指摘しかねた。

その晩、四つ橋の厚生年金会館で独演会があり、圓生さんの『死神』はとてもよかった。吉田氏も聴きに来ていた。だが、問題は解決される機会もなく、吉田氏も鬼籍に入ってしまった。

『鰻の幇間』と『芝浜』

昭和四十九年七月二十九日、圓生さんは、レコーディングのあと、東横落語会に出演することになっていた。こういう、レコーディングと高座のかけもちは、初期のころはかなりあったが、昭和五十年以降はほとんどなくなった。齢《とし》で疲れるから、ということだったが、仕事をダブらせてまで録音をとり急がず、じっくりやっていく態勢になったからでもあった。

この日の東横での演目は、『鰻の幇間《たいこ》』である。ネタの豊富な圓生さんだったが、これは珍しい。この噺は、昭和四十六年十二月に亡くなった八代目桂文楽が十八番にしていた。実際それは逸品で、在世中は独擅場《どくせんじょう》の観があった。圓生さんの『鰻の幇間』は想像もつかず、どう演じるのかとても興味があったので、私は圓生さんがスタジオに来るとすぐ、このことを話題にした。

「ええ、もうずいぶん長いことやっていません。昭和の初めごろ、圓蔵時代にはやっていましたが、圓生になってからは、今日が初めてでしょう。文楽さんのは、噺の前のほうをカットしているんで、あたくしはそこを復活します。たいして受けるところじゃアなし、カットしても筋はわかりますが、あの部分がないと、いわば前菜抜きの食事のようでしてね……」

『鰻の幇間』は、野だいこが、顔だけは知っているものの名も棲家も知らぬ男にたかり、鰻の昼飯と祝儀にあずかるつもりが、あべこべに食い逃げされ、鰻の折詰の土産までせしめられて有金をはたいてしまい、帰ろうとすると下駄がない。

「(先に帰った) お供さん (と称する男) が、はいていらっしゃいました」

というサゲだ。

「文楽さんのは、男に出逢うところから始まるんです。しかし、その前にこのたいこもちは、ようかんの折箱を持って世話になっている筋を二軒ばかりまわる。どこも留守で当てが外れてしまう。暑さは暑し、お目当ての祝儀ももらえない、腹は減ってくる。で、つい、どっかで顔を見たという程度の男を取り巻こうとするんです。ですから、前のところがないと、こんなドジを組む伏線がないということになります」

ひとしきり圓生さんは蘊蓄をかたむけた。

「さて、師匠、今日は何を録音しましょうか」

初期のころ、『圓生百席』は、とりだめをする一方で、発売の具体的なラインアップを決めていなかったから、圓生さんは、スタジオに着いてから演目を決めた。その日、気のむいたものをやるということである。声が少し曇りがちな日は、女の出る噺は避ける、というような考慮もしながら演目を決めていた。

「そうですねえ……」

いつものように圓生さんはネタ帳を繰っていたが、急に思いついたように顔をあげた。

「『鰻の幇間』やろうかな」

これは意外だった。まだ『圓生百席』は、概要さえはっきりしていないとはいえ、『鰻の幇間』は、完成予想図のなかに全く入っていない。私ばかりでなく、ファンにとってもそうだったと思う。

そういう噺は、将来余白があったらやるとして、今は師匠ならではの噺をひとつでも多く録音していきましょう——と、私は改めて言うべきだったかもしれない。

しかし、私も『鰻の幇間』を聴いてみたい気持ちがあった。文楽歿後二年半、圓生さんが四十年ぶりに封印を切る噺を、東横劇場の客より数時間早く聴いてしまいたい、そんな気持ちが頭をもたげた。迷いながらも、百にひとつのお道楽、そんなつもりで私は圓生さんのことばにうなずいた。

こうして、一種独得な『鰻の幇間』が録音された。圓生さんの描く幇間は、桂文楽流の、とにもかくにも典型的な幇間像とはちがって、際立ったものではなかった。だが卑屈な野だいこととしては、むしろリアルに描かれているともいえるし、蒸し暑くけだるい夏の昼下がりの気分はたしかによく出ていた。鰻が夏の食べものであることを改めて感じさせる『鰻の幇間』ではあった。

その後の世代の演者は、前の件《くだり》をカットせずにやる例が多い。とくに、持ち歩くようかんの折箱に重要な役をさせて、最後まで登場させる柳家小三治さんの工夫はおもしろい。

圓生さんの全録音のなかで、ハプニングから生まれた演目は、この『鰻の幇間』だけだ。だがちょっとしたクスグリなどは、録音中にアドリブで出たものがいくつかある。

『一文惜しみ』で、主人公が毎日早朝、一文ずつ五貫文の返済に行く。だんだん刻限が早まり、まだ暗い。「こんばんは」と言うべきか、「おはよう」と言うべきか、判らなくなって、「こんばんはおはよう」と言う。

相手が、

「なんだい、こんばんはおはよう、てェのは。そんなテレビの番組ができたのかい」

これは、無人のスタジオのなかでのアドリブだった。ワイドショー番組のタイトルにそんな感じのものがはやっていた時だけに、おかしかった。

「あれ、アドリブだったんでしょう？」

「えェえェ、あんなものがヒョイと出やした。てへッ。おかしいですね」

『質屋庫』で、お店《たな》へ呼ばれたそそっかしい熊さんが、用件も確かめずに、泥棒だったら叩ッくじいて……、と腕まくりして強がってみせる。そうではなく、深夜、庫《くら》に化け物が出る……と言われて、にわかに逃げ腰になってしまう。

「なんだい。ずいぶん強そうなことを言っていたが……」

「いいえ、あっしは生きのいいのしかあつかわない」

「魚屋だね」

この、魚屋だね、というアドリブも、とぼけた味があっておかしかった。プレイバックを聴きながら、圓生さんは「うふふ……」としばらく笑い、

「おかしいでしょう、ねえ。こんなことは今まで考えたこともありませんでしたが、どういうわけですかねえ、あたくしもたまにこんなものが飛び出しやす」

自分のアドリブの才も満更ではない、とばかり嬉しげだった。志ん生はアドリブの王者、文楽はいつも判で押したよう、圓生も文楽にほとんど近い、というのが一般的なイメージだが、実際には、こんなこともあったのだ。

『鰻の幇間』で一本とられたから、というわけでもないが、私は駄目を承知で圓生さんのやらない噺を註文してみたことがある。

「師匠、これだけたくさんの演目を残すのですし、なかには実演でほとんどやらない噺もあるくらいなのですから、ひとつ『芝浜』をおやりになりませんか」

圓生さんは露骨に嫌な顔をした。

「あたくしはね、ひとが売りものにしていた噺をやるのは嫌いなんです。ほかにいくらも噺はある」

『芝浜』は三遊亭圓朝の作と伝えられている。三遊の芸脈、系統を重んじ、本流を自任する圓生さんなら、採り上げてしかるべき噺ではないか。人情噺の系統で圓生さんの芸風にもかなう噺だ。しかし、圓生さんは『芝浜』をやっていない。昭和三十六年一月に歿した三代目の桂三木助が、二十九年にこの噺で芸術祭奨励賞を獲得して以来、三木助党の文人たちの賞揚もあって、実体以上に〝三木助の『芝浜』〟が神格化された、という背景はある。

しかし、その三木助が死んでから、その時点でもう十年以上を経過していた。ひとの売り物はやらない、と言うのなら、なぜ『鰻の幇間』を、という理屈は成り立つ。圓生さんは、かつて三代目春風亭柳好の独擅場だった『がまの油』もやるようになったし、一時は『野晒《のざら》し』さえもやったという。

だが、芸人の情念を理屈で裁いても始まるまい。あえなく『芝浜』は消えた。

圓生さんは『芝浜』をやったことはなかったのだろうか。生涯一度もやる気をおこさなかった、とは思いたくないのだが、証明するものは何もない。山本進さんは、おそらくやっていないのではないか、と推測している。ただ、故人今村信雄氏が昭和三十一年に青蛙房から刊行した『落語の世界』のなかで、「今でも圓生は盤台の方で三木助は腹がけの方だ」と、『芝浜』の型の説明をしているのが気にはなる。

短かった『百川』

時間の制限枠をはずして存分に演じてもらい、結果を見てから全体の編成をする、というのが企画の基本だったから、『圓生百席』も、当初はなかなか内容が確定しなかった。

だからといって、いつまでも企画の全容がはっきりしないようでは、商品力が低下し、お客も離れてしまいかねない。無理を承知で圓生さんの尻をたたき、圓生さんもだんだんその気になって、日頃よく高座にかけ、時間の読みができる噺から整理をして、計画を進めた。

どの小噺をどの噺のマクラに、という構成を、ひとつひとつの演目について立て、LP片面で終わる噺、両面を要する噺、二枚を要する噺、とメドをつけ、人気の強弱や、内容の抵触をさけることを考慮しながら、組み合わせをきめる作業に、圓生さんは次第に没頭するようになった。それでも判断のつかない部分が残る。結局それはレコーディングをし、ある程度編集をしてみなければわからないところだった。

あるとき東京落語会で、六代目春風亭柳橋の『火事息子』を聴いた。圓生さんと違って、早くから売れっ子となり、戦後ラジオの「とんち教室」のレギュラー出演者としても活躍、功成り名遂げたこの老大家は、晩年覇気を失い、当時はすっかり過去のひとになっていた。

『火事息子』も、ただ筋を通して語ったというだけのもので、お客は少しも沸かず、少なくとも三十分はかかるこの噺を、たった十五分にまとめて高座をおりた。その短さには驚いたが、元気なころを多少とも知っている私は、とても寂しい思いがした。あくる日、レコーディングがあったので、私は圓生さんにそのことを話した。

「へェえ」

圓生さんはあきれ顔をしてみせた。口元には冷笑に近いものがただよって見えた。

「あのひとは名人です。あたくしは、とても十五分ではできません」

べつに私は圓生さんの噺の長さを皮肉ったわけではない。だが、一瞬、圓生さんがそういう受け取り方をしたのかな、と思うほど、この反応は痛烈だった。圓生さんのこういう一面に接して、それを人格の全体のように思いこみ、あるいは言いたてるひとは少なくない。

「柳橋さんはあたくしと同世代だし、あたくしとは子供時代、圓童、柳童という名で出発点も同じでした。でも、柳橋さんは若いころから売れに売れて、あたくしとはたいへんな差がついた。もし柳橋さんがあのまま中年以降も伸びつづけたらね、あたくしは今でもそばへ寄れません」

そんなふうに言ったこともある。残念ながら、圓生さんのこういう一面はあまりひとの口の端《は》にのぼらない。

『百川《ももかわ》』は当初、レコード一枚、つまり両面をついやすはずだった。やってみると意外に短く、江戸の祭礼についての蘊蓄をかたむけた長いマクラがあっても、三十八、九分だった。マクラを少し整理して三十五分くらいにすれば片面で充分である。

「おかしい。こんなに短いとは思いませんでしたね。しかしまァ、噺として、抜けているところはないし……」

「師匠の『百川』はやりこんでいて、もう型がキッチリできているから、伸び縮みがないのではありませんか。ホールなどでやっても、だいたい三十分ちょっと出るか、というくらいでしょ」

「ええ、まァねえ。でも、この噺は芝居でいえば一幕ものですが、場面の転換は多いし、ゆったりやれば相当時間がかかると思ったんですが……。じゃ、ま、これは少しマクラをちぢめて、片面ものということにいたしましょう。……べつに吹込料がほしくて長くやるわけじゃアないんですから」

レコードの吹込料は一枚当たりで算定するから、片面ものの噺だと料金は二分の一になる。時間的には三十五分くらいであっても、十八番で大ネタとされる『百川』の値が二分の一というのは、どこか釈然としなかったのかもしれない。

私は出口さんの握り拳を想い出したが、これは圓生さん一流の偽悪的口癖で、本当にお金が欲しかったわけでもない、と解釈している。

『百川』のレコーディングは、昭和五十年十月二十日だった。『圓生百席』発売開始から六ヶ月目、これでほぼ全体の見通しがつき、さらに組み合わせをいろいろ検討して、翌五十一年春には、五十四年秋の完結にいたる全容を完全に発表することができるようになったのだった。

スタジオの「夏」と「冬」

『後家殺し』は音曲噺に属すものだから、圓生さんは咽喉の調子に気をつかった。義太夫だからさほど高い声は必要としないが、噺家になる前に子供義太夫で寄席の高座に上がった体験があって、定評もある演目だけに最上の出来栄えを目指したのだと思う。

咽喉の調子は、概していえば湿度の高い夏のほうがいい。『後家殺し』の収録は万全を期していつも後まわしになり、結局収録最後の年の夏になってしまった。

この噺の筋はこうだ。義太夫が大流行した頃、「後家殺しッ」という賞讃の掛け声があった。素人義太夫でのど自慢の男が大家《たいけ》の後家と倫《みち》ならぬ仲になり、情痴の果てに後家を殺害してしまう。裁きの場で男は素直に罪状を認め、極刑を甘受するが、残される妻子を思いやる述懐のことばがいつしか義太夫になり、節《ふし》がつく。すかさず奉行が「後家殺しッ」——。これがサゲである。

サゲは本来あるべきかたち、すなわちポォンと小膝を打って「後家殺しッ」にしたい。八代目桂文治流の「うまいッ、後家殺し」にも、それなりの意味はあった。私がこの噺を、もちろん圓生さんの口演で初めてきいたのは、昭和三十一年頃のKR（ラジオ東京）で、サゲは文治流の「うまいッ……」だった。あの当時のラジオ受信機の性能、中波の電波状態を考えれば、膝を打つ音では充分にききとれなかったかも知れない。また三代目金馬や六代目柳橋が売れていた時代の「ラジオ落語」——一般的ファンへの放送という観点からすれば、「うまいッ」のわかりやすさは捨て切れない。

が、録音の技術、性能が格段に進歩した昭和五十年代のこと、まして大部の録音全集を買ってくださる人たちに対しては、本来のサゲにすべきだろう。

圓生さんはポォンと小膝を打った。時に昭和五十二年八月九日、旧暦の四万六千日にあたる頃、お暑い盛り。当然、圓生さんの着物は袷《あわせ》ではなく単衣物《ひとえもの》であった。

どういう着物を着ていようと、客席で実演を見ていれば、視覚の助けがあるから、どんな音がしようと、小膝を打つ〝ポォン〟という音にきこえるものだ。しかし、マイクロフォンには約束事も思い込みも風情も通じない。単衣物の膝を掌で打てば、それは身体自体を叩く「ピシャ」という音で録音されてしまうのであった。

どうしようか。打つ音だけを冬に別どりしてはめこもうか。

これはうまくいくはずがない。呼吸の微妙なタイミングは機械的作業ではつくり出せない。しかも打つ音の余韻にサゲがかぶって言われなければ不自然である。

それなら、サゲ全体を冬場にとり直そうか。しかし声の質、色合い、響き加減がちがってしまう。身体という生身の楽器から出る音だから、日によって微妙に、しかし決定的にちがってくる。サゲのようなキーポイントだけをはめかえれば、取ってつけたようになりかねない。結局、膝の上に手拭いなどを幾重にも巻いて局部的な袷の着物を仕立て上げ、無事録音をとりおえたのであった。

その後、圓生さんは実演で一度か二度『後家殺し』をやったが、いずれも膝を打つ手法で、決して「うまいッ」とは言わなかった。もちろんそれで充分お客を納得させたのである。

『真田小僧』のサゲ

『真田小僧』のサゲは言いにくいものらしい。

ひと息に言うには長い。長くても調子を変えて折り返せる性格であればこなせるが、あァいけねえ・うちの真田も・薩摩へ落ちた、とひどく説明的にことばを連ねるから、調子変えの手法では逃げられない。肝腎のサナダはa音ばかりなので畳みこむ場合には滑らかにいきかね、しかもあとの音が、こもりやすい〝も〟ときている。演者自身に返った言い方、つまり登場人物を離れ、演者が納まり返って宣言のようにサゲればことは解決するが、そんな古臭い手法をとる圓生さんではない。

この噺を売りものにしていたのは三代目三遊亭金馬だったが、その金馬にこの噺を教えたというのだから、圓生さんにとっては若い頃からやりこんだネタなのだが、録音の現場でさえも、まだサゲを簡潔に、言いやすくしたいと苦心をしていた。

サゲをさまざまに言い変えて試すには録音スタジオは恰好である。その場で仕上がりを確かめることが出来るからだ。

「あァいけねえ、やっぱり薩摩へ落ちた」――。このあたりが、理想とする呼吸だったように思う。しかし、「真田」を抜いてしまっては、初めてきくひとには不親切――、すなわちサゲとして不完全になるのではないだろうか。試行錯誤小《こ》一時間、結局、在来の言い方を極力滑らかにすることで決着した。

「金馬さんのように元来発音の粒立ちがいいひとは、こんなに悩まないでしょうが」と圓生さんは言ったが、そうであるとすれば、負の要素が生んだ探究心が芸を磨き上げたのだろう。その後は悩まずに「真田」抜きでサゲる演者も増えてきた。

ふと困らせる

『湯屋番』の終盤、履き物を履き違えられて紛失した湯屋の客は、番台で浮かれっ放しの主人公にくってかかる。

「どうするんだッ。どうするんだどうするんだどうするんだ！」

圓生さんとしては珍しく、浮いた歌い調子で、まるで三代目柳好を聴いているようだった。しかし、前後に具合の悪いところがあったので、そのへん一帯をやり直してもらったところ、その歌い調子は戻ってこなかった。

せっかくの〝柳好歌〟が惜しいので、あそこだけ前のテープから抜き出して生かしましょうと私がもちかけたら、圓生さんは照れ臭そうにかぶりを振った。

「ありゃアいけません。はずみであんな調子になりましたが、あれでは怒っているのかはしゃいでいるのかわかりません」

人物、心理描写の正道はまさにお説の通りだが、芸としては、また、笑いの獲得法としては、『がまの油』や『野晒し』で一世を風靡した柳好のような行き方もある。

圓生さんの世界にそうした要素がチラリと紛れこむのも味なもの、と思ったのだが、そうは問屋が卸さなかった。
　はなし家をふと困らせる　ばか笑い――。晩年、圓生さんが好んで色紙にしたためた句である。

完全無傷『夏の医者』

『夏の医者』は出てくる人物が揃いも揃って田舎のひとだ。田舎も田舎、江戸へ行ったこともない、江戸のあることさえ知らないのではなかろうか、と想定したほうがピタッとくる、それほどに草深い土地の噺である。

　芸の流れが停頓してしまうようではお話にならないが、歯切れよく、淀みなくしゃべる必要はない。むしろ、そうしないほうがいい。そんな噺だから、スタジオの中で時間の制約も何もなく、眼前のお客にとらわれることもなく、悠々と時空を超える境地で録音した『夏の医者』は、初めから終りまで一語一音の修正も直しも、一息の間《ま》の調整も必要としなかった。

　短い噺とはいえ、これほど完全に通して録音が出来るのは奇蹟的なことである。その当時のいわゆるアナログ――磁気録音テープが一秒間三十八センチメートルの回転進行を一度もとめることはないままに、『夏の医者』は完了した。

これを聴くと、録音日昭和四十九年七月十六日の午後――噺と同じように暑かったあの午下がりが、そっくり再来するように思える。

昭和五十年以後の圓生さんは、噺の長短にかかわらず、一日ひとつの演目を録音するのがふつうのペースだったが、まだこの四十九年頃は、短い噺なら二つやろうと意気ごんでいた。

でも、この『夏の医者』の日はこれ一席でおしまい。ずいぶんと早仕舞であった。手慣れた噺だから、田舎者の会話だから楽、ときめこむのは誤りだろう。完璧な出来栄えの時は、短い時間であっても、密度の高い精神の集中をしているのではなかろうか。

二人の圓生

「ウーッ、いけねえ。どうも調子が悪い。頭の具合が」

圓生さんは拳を固めて後頭部を激しく連打した。スピーカーを通してはじき出るその音は、まるで頭蓋骨の破壊作業で、亀さんはあわてて音量をしぼった。

つまずきがうまく解決できないと、圓生さんは苛立った。ことばの流れの悪さ、間《ま》の外れ、言い違い、固有名詞の度忘れ、すべては頭の具合がよくないからだ、と圓生さんは自分の身体を責めるのだ。

「あたくしの芸は疵だらけ」

ふだんは自分を客観視した発言の多い圓生さんだが、疵に無頓着だったわけではない。

『庖丁』は圓生さんの十八番だ。よく高座にかけ、練りに練った演目で、ちょっと適当な後継者が見あたらないくらいの噺だが、録音のときにサゲでつまずいてしまった。昭和五十年六月十一日のことだ。

『庖丁』という噺は――。

内縁の女と手を切りたい男、悪友に仕掛けさせた間男の罠がほんものになってしまう。筋書き通り出刃庖丁を振り回してすごんだものの、女と悪友はすでに結託しているからとんだ三枚目になる。すごすごと出て行ったが、しばらくして戻ってきた。

「出刃庖丁を返《けえ》せ」

「どうするつもりだ」

「横丁の魚屋へ返《けえ》しにいくんだ」

スッときれいにサゲなければいけず、しかし間抜けな立場になった男の呆然たる心理もなくてはいけず、至難なサゲなのだろう。

「どうもうまくない」

やり直したが、一度ではきまらず、二度、三度、次第に圓生さんは自分の掘った穴に落ち込んでいった。心理が勝てば流れが悪く、流れがよすぎては心理がうつろになる。圓生さんは迷いはじめた。

「まずい。これじゃァ、サゲになりません。駄目です。あたくしはまずい」

舌打ちをしてまたやり直し。

「横丁のサ、魚、いけねえ、またやり直し……。横丁の魚屋へケ、返しに、横丁の魚屋へ……」

長年やりこんだ噺でこういうことになるとは、予想もしなかったなりゆきである。とどのつまり、頭を叩いて自分をさいなむ、というパターンにおちいっていく。

これほどの大家が自分をいじめ抜く姿を、私は何度も見た。息を殺して見る思いだった。圓生さんを意地悪といい、圓生さんにいじめられた、と言うひとはいるが、そのひとたちが、圓生さんほどに自分をいじめたことがあるのだろうか。

袋小路に入りこんで、『庖丁』のレコーディングは止まってしまった。私はふと、このサゲが、ひと息に言うには長すぎるのではないか、と思った。それとサゲそのもののむずかしさとが相乗しているように思える。横丁の・魚屋へ・返しに行く。この三節を二節にしたら楽なのではないだろうか。

「師匠、魚屋は横丁でなくてもいいんでしょう」

「……なるほど。そりゃ、どこの魚屋だってかまいません」

——魚屋へ返しに行くんだ……。

気分が変わったせいもあったのだろう。一度で事は解決してしまった。

「うーッ、どうもはや……」

圓生さんはホッとした顔で、しかし、いかにもくたびれた様子で汗をふいた。

「うまくいきましたね。そりゃサゲは短いほどいいんです。たいていの噺はそう工夫《くふう》しているつもりですが、まだまだこういう気がつかないものがあるんですね。録音をとって聴きなおすから初めて気になるようなものの、実演ではね、勢いでやってしまいますし、お客様もそれで納得してくださるから、問題にならないんですねえ。てへッ、録音はこわい」

以後、圓生さんは実演でも〝横丁の〟をカットしてしまった。だが、うまくいくものなら、さしたる意味はなくとも、横丁の、ということばのニュアンスは捨てがたいような気がする。

「ウチの師匠くらい自分の芸をよく聴いている噺家はいませんよ。いつも自分の芸を聴いているから、ほかの師匠のように齢とって芸がおちる、ということがないんだと思いますよ。これはレコードをやっているおかげです」

と三遊亭圓窓さんは言った。社交辞令の要素はあるにしても、当たっていると思う。

モニタールームの圓生さんは、自己批判ばかりしていたわけではない。自分の噺を聴いて、よく笑うことがあった。こみあげる笑いを抑えきれない様子で、「ふふふ……」と声をたてた。何十年と演じた噺を、それも自分の口演を聴いて笑うというのが、私には意外であり、新鮮でもあった。

たとえば、同じ『庖丁』の前半で、間男をさせられる男が、計画の全貌を聞かされたあと、自分のしがない役割が身にしみてか、

「あんまりいい仕事じゃアないな」

と呟く。

そこを聴いて圓生さんは、しばらく忍び笑いをしつづけた。

「実にどうも、おかしいですね、こういうところてえものは。無理につくったおもしろさではなく、人の世にありそうなことで……。落語のおもしろさは、こういうところにこそあると思いますねえ」

噺をほめ、人間性をうがつ落語のすばらしさを語るのみだったが、それを会心の出来で

やりおおせた自分への笑いのプレゼントでもあったと思う。

「むかしはね、こういうおかしな人物が実際にいたんですよ。世の中のためになるわけじゃなし、何をして生きているのかわからない、いいかげんな奴だが、どこかおもしろみがあるという……。また、まわりもそういう奴を大目に見ていましたね。今のように世知辛くなっては、落語の登場人物みたいなひとはいなくなってしまいます」

圓生さんの芸は、いろいろな人物を幅ひろく、それぞれをそれらしく描くことで高い評価を受けた。圓生さんは登場人物をそれぞれにいつくしみ、練りあげていくことに、貪欲なまでのエネルギーをもっていた。役者のする役づくりのような作業を、もっとも意識的に行い、しかも大きな成果をあげた噺家が圓生さんである。その点では、桂文楽をはるかに凌いでいる。

そして名工が自分の作品を眺めるように、圓生さんは自分の表現に距離を置くことができた。そして自分の巧《うま》さに笑み、拙《まず》さに憤った。

モニタールームのなかには、二人の三遊亭圓生がいた。ひとりは直前にテープのなかにおさまり、スピーカーを通して芸を披瀝した。もうひとりは、そのスピーカーの正面に坐って、それをじっと聴きつづけている。二人の圓生はときに和合し、ときに葛藤した。圓生さんのレコーディングは、そんな数百日でもあったのだ。

会心の仕上がりを得たとき、圓生さんは言ったことがある。

「あたくしより、レコードのほうが巧くなった……」

第三章　録音室のそと

圓生の二十世紀

「あたくしは二十世紀の生まれです」

圓生さんはよくうれしそうにそう言ったものだ。明治三十三年、一九〇〇年の生まれだから、二十世紀の第一年目に生まれた――、と当人は信じ切っていたのであった。

これはもちろん誤りで、一九〇〇年は十九世紀の大詰、二十世紀は一九〇一年に幕をあけた。

「二十世紀人」を任じた圓生師匠。お好きなはずの幕末を含む十九世紀には、ことさらの執着がないような顔をする、その無邪気。そこには、文楽、志ん生、正蔵、金馬など明らかに十九世紀生まれの朋輩にはない新時代の知性と感覚が自分にはあるという自負も混じっていたようだ。

「二十世紀人」圓生さんだったが、自叙伝のタイトルそのままに、ものごころついた時分からの「寄席育ち」、芸界での出発は前記の四人よりも古い。本流の師匠方から手をとって教えられた実績は誰よりも上で、その恵まれた修業体験と広範な見聞の集積回路、応用能力は異能と呼びうるほどのものだった。

かりに圓生さんの芸と人気がもっと低くとどまっていたとしても、生きた博物館として、落語界の宝たり得ただろう。

『淀五郎』と王選手の記録

『淀五郎』という噺がある。

下まわりの役者澤村淀五郎は、座頭《ざがしら》市川團蔵に抜擢されて『仮名手本《かなでほん》忠臣蔵』の判官をつとめることになった。

（おことわりするまでもないと思うが、『仮名手本忠臣蔵』の塩冶判官高定《えんやはんがんたかさだ》は、実際の事件の浅野内匠頭長矩《たくみのかみながのり》。高武蔵守師直《こうのむさしのかみもろのう》は高家《こうけ》筆頭・吉良上野介義央《きらこうずけのすけよしなか》。大星由良助義金《よしかね》は大石内蔵助良雄。大星力弥《りきや》は大石主税《ちから》。石堂右馬之丞は、実際に切腹申し渡し役・検使として田村邸におもむいた大目付庄田下総守《しょうだしもうさのかみ》、目付多門《おかど》伝八郎、大久保権左衛門のうちの誰

かということになろうが、真山青果作の『元禄忠臣蔵』などで石堂の役割をしている多門が最有力候補だろうか）

淀五郎が天にも昇る心地で演じた初日。いよいよ、眼目の四段目、判官切腹の場にいたる。

「力弥力弥、由良助は」

「いまだ参上……仕《つかまつ》りませぬ」

「存生《ぞんじょう》に対面せで、無念なと伝えよ。いざ、御両所、お見届け下され」

判官が腹に刃を突き立てるのをきっかけに、揚幕から花道へ登場した團蔵の由良助は花道七三《しちさん》に平伏する。検使石堂右馬之丞、

「聞き及ぶ国家老大星由良助とはその方か。苦しうない、近う進め、近う進め、近う〳〵近う〳〵」

ふつうなら、応《こた》えて由良助は瀕死の主君・判官の下手脇まで進んで平伏、

「御前ッ」

「由良助か」

「へ、へーい」

「待ちかねたァ……」

となるのだが、この日、團蔵の由良助は花道に根が生えたよう、石堂がいくら近う、と言っても本舞台へ出てこない。淀五郎の判官が気にいらないのだ。

仕方なく主従へだたったまま芝居を進め、判官が落入って（死んで）から、ようやく由良助が本舞台に出てくるという、前代未聞の演出となった。二日目も同様。團蔵は淀五郎にどこが悪いかを教えない。判官なんだから本当に死ね、などというばかり。

思いつめた淀五郎は死を決意、それとなく知るべに暇乞いし、中村仲蔵を訪れる。仲蔵はすべてを察し、淀五郎に役の性根と当座の工夫を教える。淀五郎も必死に稽古をした。三日目、見ちがえるような判官ぶりに、團蔵は小膝を打ち、ついに本舞台へかかる。

「由良助か」

「へ、へーい」

「待ちかねたァ……」

芸道もの人情噺の名作だが、落語としてのサゲも逸品で、芝居のせりふがそのまま主人公の心境となって、噺の結末をつげる。團蔵は四代目、仲蔵は初代で、ともに実在の名優だ。淀五郎という名もその当時の番付に見えるというが、この噺のような事実があったかどうか、少なくとも噺のヒントになるようなことがあったのかどうかは、わからないらしい。

　圓生さんの『淀五郎』はよかったと言っていい。他をよせつけなかったと言っていい。三代目桂三木助の『淀五郎』を二度聴いたことがあって、さすがに引きしまった佳品だったが、團蔵と仲蔵の性格の描きわけ、芝居界の情調表現という点で圓生さんには及ばなかった。圓生さんは、このサゲを簡潔に、しかもわかり易くするためにずいぶん骨を折ったようだ。その芸談は青蛙房刊『圓生全集』にくわしく載っている。圓生さんはこんなことも言った。

「芝居のせりふそのままのサゲで、それが実にいいんですが、それではあんまりスッキリしすぎていてお客様にわからないだろう、というので妙なやり方をした先輩もいました。『待ちかねたァ……、これは本当に〝待ちかねた〟のでございます』と押すんです。これでは、あたらいいサゲがぶちこわしです。本当に待ちかねたのでございます、と地にかえらないと不安で高座をおりられないようでは、腕がないんです。ねえ、サゲを説明しちゃアいけませんよ」

　圓生さんは読売ジャイアンツのファンだった。巨人の勝敗に一喜一憂していた。レコーディング期間の大部分は、Ｖ９のあとで、巨人は不安定だったが、そんななかで王貞治のホームラン世界記録は着々と達成に近づいていた。

昭和五十二年九月三日に、圓生さんは満七十七歳をむかえた。喜寿の祝いは本来、数え年でするものだろうが、お弟子さん一同はこの年、七十七の祝いに、ソニーのビデオ・カセットデッキを圓生さんに贈った。品物は誕生日に先立って八月末に圓生宅へ届き、圓生さんも録画の稽古をしたらしい。

そして九月三日、圓生さんの誕生日に、王選手は七百五十六本目のホームランを打って、アメリカ大リーグのハンク・アーロンを抜き、世界記録を達成した。直前で足踏みし、大いに気をもたせたために、オーバーに言えば国民的期待が高まって、報道は達成をトップで扱う騒ぎになった。

圓生さんは、この歴史的な打球を見事録画することに成功した。七十七の老人がビデオを操作して、一発勝負の瞬間をあやまたずキャッチしたのだから、これも快挙である。

「それがねえ」

圓生さんはきまりが悪そうに言った。

「そのテープの残りに、あたくしの放送をいれたんですが、失敗しました。サゲがこぼれちゃった。ピタッとおさまる計算だったんですが、どうも面目《めんぼく》ない。サゲを落っことしちゃいけません」

その放送の演目は、『淀五郎』だった。

それにしても、自分の誕生日に出た王選手の記録。おそらく圓生さんにとっては、〝これは本当に待ちかねたのでございます〟

月詣でのひと

圓生さんにとって、はな夫人、つまりお内儀《かみ》さんは絶対的な存在といってよかった。芸人の家の内政外交について、全幅の信頼をお内儀さんによせていた。

「あのひとが居ないてえと、あたくしはなんにもできない。先へいかれると困るッて、いつも言うんですよ」

お内儀さんはひとつ年上だった。古典的な意味での芸人にとっての内助の功――、その鑑《かがみ》ともいえるお内儀さんなのであった。交際上手ではない夫をおぎない、金銭的に〝切れる〟ひとだった。金についての判断は早く、気配りは細かく、取りしきりはきっぱりしていて、圓生さんはこのお内儀さんあってこそ、芸に専念できたと言っていい。

あのひとが居ないとなにもできない――。そんなお内儀さんが居たから、圓生さんは浮気もできた、と言ったら皮肉だろうか。

圓生さんは、生涯、影の女性を連れていた。モテもしたが、無類のフェミニストだった。半世紀を優にこえる結婚生活のあいだに、お内儀さんは十指にあまる夫の女性関係を知り、認め、ときには、ことの始末にあたったらしい。

「あたしはね、ふしぎとやきもちをやかないのよ」

圓生さんの死後、お内儀さんはそう言った。どうだったのだろうか。お内儀さんは、夫のなきあとも、芸人の妻のあるべき姿を追いつづけているように思えた。

「おとうちゃんはね、家《うち》に女を連れてきて、『おい、ご飯たべさせてやっとくれ』……そういうひとでしたからねえ。三人で一緒にご飯を食べて……」

圓生さんの三回忌も過ぎたころ、お内儀さんは苦笑しながら述懐した。居あわせた孫弟子が言った。

「それで五十年以上もつづいたってことはね、おたがいに心底惚れ合っていたってことですよね」

「なにを言ってるのよ」

お内儀さんは、決して否定はしなかった。

圓生さんと私の御縁は、最晩年の数年間だったから、私は圓生さんの恋人をひとりしか知らない。最初は出口さんの口から聞いた。

「いるんだ、ひとり。この女のことについちゃア、ちょっと揉めてな。俺も少しばかりあいだに立つようなことにもなった。もう切れたことになっているんだが、どうも蔭じゃアつづいているらしい。無論、内儀さんは切れたと思っている。三遊亭もいい加減にしたら、と思うんだが、言い草がいい。芸人には色気がたいせつだから、こういう付き合いがあってもいいだろうッて……」

「相手の女性、色っぽいんですか」

私は愚問を発した。

「それがな」

出口さんは醒めた顔になった。

「俺だったら、色気は出ない」

『人情噺集成その二』が間もなく発売になろうというころ、昭和四十八年十一月半ばすぎだったと思う。後続企画のレコーディングをしていたスタジオでのことだ。時刻は午後五時をまわり、その日の作業は終え、圓生さんの迎えの車も到着していた。この時分、もう全生くんは寄席出勤がいそがしくなって、圓生さんはひとりでスタジオへ来ていた。

いつも車が来ればすぐ立ち上がって帰る圓生さんが、この日に限って、なかなか腰をあげない。しかし、落ち着いているというのではなく、なにかそわそわしているようにも見えた。

「えェ、ちょっとその、待ち合わせをしておりまして」

と、時計を見ていたが、

「おかしい。場所がわからないのかな。ちょっと外へ行って様子を見てきます」

行ったきり、なかなか戻ってこなかった。かなり寒い日で、外はもう暗い。コートなしの高座着で外へ行ってしまった圓生さんが少々心配だった。

きっとこれだな、と私は小指を立てた。さっきロビーに女子大生風が人待ち顔でいたが、まさかあれではないだろう、と亀さんも言った。

十分もすると、ハイヤーの運転手がモニタールームにやってきて、お客様が見えたので出発します、と言う。外へ出てみると、圓生さんはあいた車のドアの外に立ち、こちらの顔さえ見たらすぐ乗りこもうという態勢で待っていた。

「師匠、お待ち合わせの方には会えましたか」

「ええ、車のなかにおります。ちょいと途中まで乗せてまいります。それではどうも、お世話さま」

「おつかれさまでした」

夜目の車中、しかも奥の座席なので、この日は首実検にはいたらなかったが、おぼろに姿を見ることはできた。

それからしばらくのちのこと、スタジオにひとりの女性が現われた。四十代半ばだろうか、大柄なひとだった。知人が見学に来たという風情である。圓生さんは何も言わず紹介もせずだったから、こちらもわけがわからぬまま、一緒に帰るふたりを見送った。

二度目に現われたとき、その女性は、場に慣れたのか、圓生さんと親しげに話をした。その親しさは、知人同士のそれとはだいぶ違っている。やはりこのひとなのか――。ようやく焦点が合う思いだった。化粧ッ気、飾り気のない、ザックバランな口をきくひとで、こちらに神経を遣わせるようなことはまったくない、陽気なタイプだった。鼻が大きく、口さがないお弟子さんたちは、蔭で〝魔法使い〟と呼んでいた。

スタジオでの逢瀬も四たびほど回を重ねたあと、圓生さんは初めて言った。

「あれはTといいまして、あたくしのファンなんです。邦楽や踊りのことをよく知ってますので、お囃子の曲選びの手伝いをしてもらっています。時々ここへ来ると思いますが、そういうわけですから……」

事実、音曲をおさめたと覚しきカセットテープを持ってきて、圓生さんに渡していることもしばしばあったし、ふたりの話題もそのあたりのことが多かった。

しかし圓生さんがどう言おうと、ふたりの仲はあきらかである。T女が現われたときの圓生さんの嬉しそうな顔、仕事の合い間の楽しそうな会話。そして帰りは必ずふたり一緒だった。T女はやがて、篠山紀信さんの撮影には必ず現われて、着替えを手伝うようになる。私とも自然に口をきくようになっていた。

圓生さんに誘われて、芝居を見にいったことが二度ある。帝劇と宝塚劇場だった。どうも、T女と行く約束がこわれて、私は指名代打の役だったたようだ。宝塚劇場の終演後、

「幕間《まくあい》の食事が軽かったから、おなかがすいていましょう? ちょいと一杯飲んで、のせましょう」

劇場からそう遠くないところに、三遊亭百生《ひゃくしょう》の娘さんがやっている和風のスナックバーがあり、圓生さんはそこへ私を誘った。

百生は上方の落語家で桂梅團治といったが、戦後しばらくしてから、圓生さんを頼って上京、一門の客分扱いで三遊亭を名乗り、東京の客にも親しまれる上方落語でかなりの人気をとったが、昭和三十九年に他界してしまったひとだ。

そこで一時間以上をすごした。私は圓生さんのために車を呼ぼうとしたが、仕事帰りとはいえないから、と圓生さんは固辞し、健康のために電車に乗って、あとは歩きたいと言

う。地下鉄丸ノ内線銀座駅のホームで、私は上機嫌の圓生さんと右ひだりに別れた。

私は当時御茶ノ水駅から四、五分のところに住んでいたので、中野坂上の圓生さんより十五分ほど早く帰宅したと思う。私が風呂からあがってくると、妻が、今しがた圓生さんから電話があった、という。私あてではなく、妻への電話で、今夜あなたの御主人を引き廻したのはあたくしでございますから、ご安心なさいまし、というような意味のことをご機嫌でしゃべったという。

これには大笑いだった。遅くなったといっても十一時くらいで、仕事柄、私がこんな時刻に帰宅するのは少しも珍しいことではないのだ。後日、ご丁寧なお電話をいただいて、とちょっと皮肉なつもりで礼を言うと、圓生さんは大真面目で、家庭というものはたいせつですから、と言ったものだ。

ある朝、圓生さんから電話があった。

「えエ、もしもし。圓生でございます。あの、あなたは本日、あたくしと芝居を見にいくことになっておりますので、お含みおきくださいまし」

こんなことが何回かあった。こういう日に、私がうっかり圓生さんのところへ電話でもしようものなら、事件になってしまう。だが、アリバイ工作に素直に荷担しているだけではあまりおもしろくもないので、私はちいさないたずらをしたことがある。

「お内儀さん、先だってはお芝居、ありがとうございました」

「いいえ、とんでもない。おもしろかったですか」

「ええ、なかなかおもしろい芝居でした」

私が見たことになっている芝居がどんなものなのか、私は知らない。具体的なことをきかれたら冷汗ものの会話ではあった。圓生さんがどんな顔をするか、それが楽しみだったのだが、圓生さんは素知らぬ態で茶をすするばかりだった。

『圓生百席』のレコーディングが佳境に入ったころ、T女は七、八回に一回くらいのわりでスタジオに現われるようになった。T女は控え目にしていたが、時たま、じゃれた話をしては「何よ師匠、そんなこと言って」などと、気軽に圓生さんの肩や背中をポンと叩いたりした。圓生さんは嬉しそうである。それはほかではお目にかからない表情だった。

「父にとっては、ひとつの気やすめだったのでしょう」

末娘の泰代さんは、のちにそう言った。

「どこから見ても、いつ見ても美人だという、そういう女よりも、何てえますかねえ、落差があるというか、そういう女がいいですね。時にはいや気がさす、ところがあくる日会ってみると、またどこかいいところがあって惚れ直すというような……、そういうタイプがいいですね」

あるとき、圓生さんはしみじみと女性観を語った。そして同意を求めるように私をじっと見た。遺憾ながら、それに応えるだけのキャリアが私にはなかった。

故人となった、ある大物の落語家の私生活を話題にしたことがある。

「あのひとはね、高齢になってから、お内儀さんに死なれて、外に囲っていた女を後添《のちぞい》にしました。ですが、外に置いているのと中へ入れるのとでは、ずいぶん違いまして、やはり気を遣う、神経をいためる、またまわりにもいろいろなことが起きる。あのひとは気苦労で命をちぢめたようなものです。ですから、齢をとってからお内儀さんをかえるようなことをしちゃいけない。あなたもね、先へいってどんなことがあっても、あんまり若いのと一緒になったりしちゃいけませんよ」

圓生さんの表情に、洒落や冗談の気配はなかった。私はそのとき三十一か二だったから、これには答えるすべがなかった。

圓生さんとT女について、私は詳しくも深くも知らない。圓生さんには、お内儀さんのほかに、お内儀さんとは別の次元でたいせつな女性がいつもいた。そのしんがりをつとめたのが、まちがいなくT女だったことだけはわかっている。

圓生さんの葬儀のとき、T女は影の身として霊前にぬかずくことがなく、涙にくれながら路上で野辺の送りをしたという。私は目撃していないが、何人かのひとからそう聞いた。

「あたしも顔は知った間柄だし、おとうちゃんも仏さまになったんだから、お線香をあげてくれればよかったのにねえ」

お内儀さんは言った。それは圓生さんが亡くなってからずっとのちのことである。

世田谷区北烏山の永隆寺に圓生さんは眠っている。お内儀さんは毎月三日の命日に、月詣でを欠かさなかった。近くの祖師谷に住む三遊亭生之助さんも月詣でをつづける。ほかにもうひとり、月詣でをするひとがあった。寺のひとから、それが誰であるかを生之助さんは教えられた。私も寺からその事実を教わった。お内儀さんが真相を知ったのは、もっとずっとあとのことであるようだ。

T女は朝早く、人知れず詣でていたという。圓生さん在世のころ、T女はたしか牛込あたりに住んでいた。そこから烏山への早朝の月詣では、決してたやすいことではない。寂しく、しかし美しい話ではないか。圓生さんは仕合せなひとだ。

圓生さんに遅れること十年、平成元年六月にお内儀さんもまた永隆寺の墓に眠る。さらにその後の歳月が、このエピソードをすっかり昔語りにしてしまった。

圓生の激怒

昭和五十三年四月十三日に、篠山紀信さんのスタジオで圓生さんの撮影があった。レコーディングそのものは前年の秋に終了していて、編集・修正作業と撮影、原稿取材だけが残されている、というのが当時の状況だった。この日は、『圓生百席』の、その年の夏と秋に出す分の撮影をした。

撮影が終わったあと、いつものように篠山さんは圓生さんと四方山話に興じていた。

「師匠、これからの落語界を背負って立つのは誰ですか」

「そうですねえ、まァ、志ん朝、圓楽、談志……」

「そのあたりですかね」

「ええ、この三人が会長になります」

私は篠山さんを見た。篠山さんは怪訝な顔をして、この話はそれっきりになった。

圓生さんは妙な答えをしたものだ、と私は思った。篠山さんは芸の上で落語界をリードするひとは誰かと質問したのであって、落語家の組織の人事問題をたずねたのではない。圓生さんは少し耳が遠いので、聞き違いをすることがたまにあるが、それにしても、芸談義の好きな圓生さんらしくない取り違いである。

五月下旬に、突如、大量真打問題をめぐる落語協会の揉め事が表沙汰となった。

圓生さんは一門のほとんどをつれて脱退、一時は他門の錚々たる同調者を得て、新協会「落語三遊協会」がはなばなしくスタートするかに見えた。篠山さんに妙な答をしたころ、水面下で事態は進行し、圓生さんの頭の中には、落語界の未来図が描かれつつあったのかも知れない。圓生さんが名をあげた三人は、それぞれの立場で、この事変のキーパーソンだった。

事変の顚末については、ここで書くつもりはない。当時マスコミが狂ったように過剰報道をくりひろげ、表面上のことは世間周知となったし、内幕についても、角度のかたよりはあるが、その後何人かのひとがものを書いている。

それに私は圓生さんの芸をレコーディングする立場であって、極端な言い方をすれば、芸以外のことはどうでもいいのである。事変を知ったのも、表沙汰になる前夜だし、その後のこともニュースとひとの噂で進行を知るだけだった。

たまたま、五月末から六月初めにかけては、圓生さんと顔を合わさなければならない実務上の都合はなかったので、渦中のひととしてめまぐるしい日々をおくる圓生さんに会うことを私ははばかった。落語会の楽屋で見かけることはあったが、私は数メートルの距離をおいて挨拶をした。圓生さんの周囲には、このころいつもテレビや新聞のカメラがあった。

そんなマスコミのフィーバーとは裏腹に、日が経つにつれて同調者は落語協会に次々と帰順、圓生さんとその一門は孤立を深めるばかりだった。

圓生さんが事変の中心人物になると、事変そのものとは無関係なところで、さまざまな波紋が生じた。そのひとつは圏外にいるつもりだった私にも及んできたのである。

Yという人物が、三遊協会旗揚げの圓生独演会を平河町の都市センターホールで開くことになった。ついては、この企てに賛同し、CBS・ソニーが協賛企業として名をつらねてほしい、とYは申し入れてきた。結構なことなので、私はまずは肯定的な返事をした。ビクターはじめ、圓生さんのレコードを一枚でも出している会社には協賛してもらうつもりだ、とYは言った。それにも異を唱える筋はない。

数日後、レコード会社のなかのW社が、その独演会のライヴ・レコードを作って、その売り上げか利益の、一部だか全部だかを、三遊協会に寄付する、という話が伝わってきた。Yの経営するプロダクションに確かめると、その通りだと言う。

それなら、協賛はおりる、と私は言った。

圓生さんは私どもCBS・ソニーの専属ではなかったから、どんなレコード会社と仕事をするのも自由である。しかし自然の秩序で、私どもと同じような企画を手がける会社はない。その二、三年前から、圓生さんはやや宗旨をかえて、出来のいいライヴ・レコーディングがあれば、そのレコード化に応じるようになり、数は少なかったが、いくつかの会社から発売されるようになっていた。私どもは一貫してスタジオ録音の立場をとっていたので、二兎を追う気はない。ライヴはよそさまにお任せ、というつもりである。

だが、この旗揚げ公演のライヴは、少し問題の質がちがう。この独演会は、あらかじめW社という特定の企業が参画して、レコード化がなされる。一方その会を他のいくつものレコード会社が協賛する。これはいかに三遊協会を支援するためとはいえ、倫理に悖《もと》ることだと私は思った。

W社が支援のためレコード化に協力するというのはいいことだ。結構なことだ。それは路線上、私どもには出来ないことだから、W社が一肌脱ぐのを認めるのは、もちろんやぶさかではない。一方、圓生さんがこれまでに関係したレコード会社などを総動員して、協賛や後援をさせるというのも、決して悪いことではないのだ。

しかし、そのふたつは両立し得ない。でもYが白紙の立場で自主的に録音だけはとり、のちに協賛した各レコード会社にはかったうえで、結果的にどこか一社に発売をゆだね、三遊協会の資金をつくる、という筋道をたどれば文句の付けようはない。内実はともかく表向きだけでもそうしておけば、何も事は起こらなかったのだ。

私はYに二者択一を求めた。各レコード会社の協賛を断念してW社とレコード化を進めるか、またはレコードのことは完全に棚上げして、協賛を幅広くかちとるか。義捐《ぎえん》行為に酔って、目的のために手段を選ばぬ愚を避けるよう説いた。Yのためにではなく、圓生さんのためにそうしてほしかったからだ。

Yは、いちばんたくさんレコードを作っているCBS・ソニーが協賛してくれないと、他のレコード会社が総崩れになるから、まげて協賛してほしい、しかし義捐金のためだからW社のレコードはどうしてもやる、この非常時だから圓生さんのために理屈抜きで協力してほしい、と頑なだった。

話は交わりようがなく、私は、私どもCBS・ソニーの協賛不参加を通告した。しかし、思いつめた心境にある圓生さんにとって、この決定はショックだろうから、折りを見て私から圓生さんには言う、Yの口からは言ってくれるな、と私は念を押した。

事は進行し、この旗揚げ独演会とレコードのことは、いくつかの新聞が前評判をあおった。このころのマスコミは、この事変に関しては手当たり次第報道するという状態だった。出来がいいかどうか、失敗があるかないか読み切れないライヴ・レコーディングなのに、事前に発売を決定して宣伝するのはいかがなものか、という良識を書いたのは、読売新聞の保田武宏さんくらいのものだった。

その独演会に先立って、六月十四日夜、上野の本牧亭で圓生一門の落語会が催された。これは圓窓さんが自分の会を一門会に提供したもので、にわかにこれが事実上の新協会旗揚げ公演になる。本牧亭始まって以来といわれる大入りとなり、報道陣も大挙して押しかけた。通路、楽屋、どこも満員電車の状況だった。

私は会社からの御祝いを持って本牧亭の楽屋を訪れた。どこのレコード会社がからむわけでもないこの会こそ、祝意を表するには恰好の場だ。例の独演会に先立ってこの会が開かれたのはありがたいことだった。

行くと、楽屋通用口の外階段に、思いがけなくYがいた。彼はひどくぎこちない挨拶をした。Yは中から出てきたところなのか、それともこれから入ろうとしているのか、どちらでもない様子であった。楽屋に入ってみると圓生さんの脇に副将格のかたちで圓楽さんが控え、諸事は圓楽さんの事務所星企画の代表者、藤野豊さんが仕切っている。藤野さんから取引停止の扱いを受けていたYにとって、この楽屋は入れない、少なくとも居たたまれない場所だったのだろう。

　公演は大成功だった。終演後、圓生さんと私は話をしながら本牧亭のある横丁をぬけて上野の表通りまで出た。圓生さんは待機していた自分の車に乗って帰る。十時を大幅に過ぎていたと思う。

　翌朝八時ごろ、私の自宅に圓生さんから電話があった。前夜とは打って変わって、圓生さんは激しく怒っていた。

「協賛をしないと聞きましたが、本当ですか。おたくとはこれほどの仕事をしている間柄なのに、何ということです。あたくしは驚きました。どうなんです？　本当なんですか」

　来たな、と思った。

　本牧亭の会が終わって二、三日したら、私は圓生さんに事をわけて話すつもりでいたのに、なぜYは約束を破ったのか。しかも本牧亭の昨日は、緊迫下ながら圓生さんにとって吉日だったはずだ。その圓生さんの疲労を思わないで、その深夜か一夜明けた早朝に凶報を入れるYの神経。しかし、圓生さんには気の毒だが筋はまげられない。

「本当です」

「そんなねェあなた、馬鹿な話てえのはない。こりゃア驚きましたね。あたくしが今どんなに苦しい立場にいるか、わかってくれないんですか。第一、これだけ大きな仕事をしているおたくの会社が協賛からおりたら、世間は何と思います」

「師匠には申し訳ないと思います。こんな時に協力ができないのは残念です。でも、Yさんのやり方は錦の御旗があれば非道もかまわず、というふうに思えてなりません。師匠、協賛もW社のレコードも、どちらもだめだと言っているのではないんです。どちらかひとつにしろと言っているだけなんです。W社が憎いわけでもなんでもありません」

「そんな理屈は聞きたくありませんね。何がどうであれ、あたくしは今困っている。そんなことがどうしてわからないんです? ひとが困っているときに、理屈ばかり言って助けてくれない、そんな不人情な。これだけの仕事をしている会社に裏切られるなんて、あたくしは実に腹が立つ。不愉快ですよ!」

一方的に電話は切れてしまった。憤怒、激怒、そんな形容がはまる状態だった。それまでの圓生さんとの付き合いのなかで、やんわりとした皮肉や苦情にはいくつか出会ったが、こういう爆発は一度もなかった。でも、これはどうしようもないことだ。圓生さんが感情を害すのも当然のような気がする。といって、こちらが譲る理由はひとつもない。問題はこういう無理な状況を生み出し、それを解決するどころか、かえってこじらせるような追い打ちをかけた人物にある。

しかし、もう事が起きてしまったのだから、それについて四の五の言っても始まらない。数年間仕事をすれば、大きな行き違いのひとつやふたつあっても不思議はないだろう、と私は思った。それに、仕事の核心部分、つまり芸そのものについてのこと、またはレコードの売れ行き如何のことについて生じた問題ではないから、私の気持ちには傷もかげりも生じなかった。

素材収録の作業は完了している、という安心感もある。この一件がどういうおさまりになるのか、一日で解決するか三月かかるかはわからないが、致命的な決裂におちいる可能性はゼロ、と私は確信していた。こちらからは手を打たず、当面静観していよう。ただ、この電話のために私は会社に十五分遅刻した。

翌朝、朝食をとっていると電話が鳴った。圓生さんからだ。前日とはだいぶ調子がちがっている。

「きのうのことですがね、あなたのおっしゃったことは、あなたの本当の気持ちじゃアないんでしょ？　会社の立場に立って言ったことなんでしょ？……」

「いいえ、師匠、私も会社もありません。昨日は急なことですから、もちろん私の一存でお答えをしました。でも会社の考えも私の考えとあまり違わないはずです。私個人は師匠の苦境を承知しているつもりですし、出来ることならなんなりとしたいのですが、今回のこの件は、したいことも出来ない、まったく残念ななりゆきです……」

「……そうですか」

圓生さんの声は少し沈んだ。そして黙ってしまったので、私はあとをつづけた。

「昨日も申しましたが、事が矛盾している場合には、そのひとつひとつがいいことであっても、一緒にするのは無理なんです。私どもが協力できるように、なぜしてくれないのか、と逆に言いたいくらいなんです。師匠にとってたいへんな時だけに、まわりのひとは、みんなが納得する、筋のとおった仕事をすべきだと思うのですが、どうも事は反対のように思えます。とにかく申し訳ありませんが、協賛をさせていただくわけにはまいりません。こんなことになるのはとっても残念ですけど、これしかとる道はありません」

「そうですか。どうもあなたは理屈が勝っていらっしゃる。あたくしは芸人で……、子供のときからの芸人でございますから、世の中のことに少しうといところがあります。ですから、迷惑をかけたかも知れませんが、もうこういうなりゆきになっております……。でおたくにどうしてもその気がないものを、たって……、というわけにもいきませんから、仕方がありませんが、しかしねえ、これだけたくさんレコードを作っている会社が後援もなんにも……、というのはいかにもさびしい。世間の見る目もありますから、どうです、花くらい出してくれませんか」

会場に祝い花を出すのは、会に賛意を表することだ。しかし、プログラムなど公式の印刷物に協賛名義が載ることとは重みがちがう。それに花の札書きを「祝　圓生独演会」ではなく、「祝　落語三遊協会」とすることで、一応筋を通すことは出来る。

「じゃ、師匠、ロビーに花を出します。それでご勘弁ください」

「そうですか。そうしてくだされぱあたくしも面目がたちます。ありがとうございます。どうもいろいろと……。それでは御免くださいまし」

すっかりご機嫌になって、圓生さんは電話を切った。たった二十四時間での解決はいささかあっけなく、事の次第も、もうひとつ私の心をスッキリとはさせなかったが、圓生さんの明るい声を聞いて、これでよかったと思った。前日につづいて私はまた会社に遅刻をした。

都市センターホールの独演会の当日、私は正面入口からではなく、楽屋通用口からホールの中へ入った。独演会そのものは私の来るべき場所ではなく、ただ楽屋の圓生さんに挨拶するだけが目的だったからだ。

私は楽屋見舞いに、押し鮨の大きな折詰を持っていった。楽屋に入ると、並んで椅子にかけていた圓生夫妻は立ちあがり、

「いろいろご迷惑をおかけしました」

と私の前に頭をさげた。私はびっくりし、当惑した。「とんでもありません、私こそ

意固地なことを申しあげて御心労をさせてしまいました」と言って私も深く頭をさげた。

事の次第はともかく、圓生さんをどれだけか悩ませたと思うと、申し訳ない気持ちでいっぱいになった。それにつけても、こういう結果をもたらせた状況が口惜しかった。

ちょっと場内へ廻ってみると、隅ではあったが私どもの社名の生花が飾られ、印刷物に社名は載っていなかった。ただ驚いたことに、私どもCBS・ソニー以外のレコード会社がいくつも協賛に名をつらねていた。私はひとりだけ頑なにスジ論を唱えていたことになるのだろうか。

聞いてみると、CBS・ソニーが協賛するというので、他の会社も同調したのだということである。いちばん数多くレコードを出している会社が協賛していないのが目をひいた、と東京タイムズの野村盛秋さんは書いていた。

何日かして私はYに電話をし、なぜ約束を破り、圓生さんに告げ口をしたかをたずねた。Yは、本牧亭で私を見かけたので、そのとき私が協賛辞退を通告したのだと思い、箝口令を一方的に解除したのだ、と言った。

これは咄嗟の弁明で、彼は圓生さんを通じて私に圧力をかけたのだと思う。そうでなく、本気で私の行動をそう解釈したとするなら、彼は私を祝儀の場に不祝儀を包んで持っていくような男と見ていたことになる。

名人といわれるまでになった圓生さんの周辺には、いろいろなひとがいた。私も所詮はそのひとりなのだから、それについてあまり大きなことを言うべきではないだろう。しかし、とかく非凡な人物の身辺にはとりどりな人間模様が生じ、さまざまな作用が起きる。ひとつひとつの局面をとらえれば、非もあれば理もある。そんな人物往来が多くつきまとうひとほど非凡であり、またそういうひとは、その理も非も包みこんで、ますます大きな存在になっていくのだろう。

のちにYは、歌舞伎座での圓生独演会を企画し成功した。これが死の半年前の圓生さんにとって大きな贈り物であったことを、私は決して否定しない。

この一件は、落語界の事変のいわば外伝といえる。圓生さんが私に怒ったのは、これが〝終わり初物〟だった。

事変は圓生さんに落日の光芒をもたらした。真打問題をめぐる顚末は、芸術至上主義の権化・三遊亭圓生のイメージをいっそう鮮明なものにしたし、境遇のハンディをはね返そうとするのか、圓生さんは巧緻な芸を誇示するように落語会などの高座に力をいれた。芸の上で若返ったかに見えた圓生さんだったが、精神的な緊張の連続と過労は、やはりこたえたにちがいない。

事変がなければ、圓生さんは八十路《やそじ》を何歩か歩いていたように私は思う。

点描

『圓生百席』の刊行が始まると、圓生さんは応接間にレコード・キャビネットを新調した。生之助さんが秋葉原の専門店まで行ってあつらえたもので、『三遊亭圓生　人情噺集成』三巻、『圓生百席』三十巻を各一巻ずつおさめると、無理なくいっぱいになる寸法のものだった。

はじめは空間がいっぱいあったので、圓生さんの手元からレコードを買うひとの分何組かの一時置き場に使ったり、他のレコードを入れたりしていた。他のレコードとは、自分が以前いろいろな会社で出したもの、他の落語家のもの、邦楽などさまざまだった。

『百席』が巻を重ねると、他のレコードは次々とキャビネットを出て納戸部屋へさがっていった。残りのなかに、ビクターの『桂文楽　十八番集』三巻があった。これはなかなか納戸部屋へはさがらなかった。圓生さん自身の端物のレコードが消えてもなお、布張りの『桂文楽』はキャビネットを飾っていた。

圓生さんは、黒門町・八代目桂文楽の芸について、やや批判的な見解を言うことが多かった。ことばの裏に文楽への充分な評価があることはうかがえたが、表に出る表現は、文楽の限界を衝くものが多かった。臆病で、融通が利かず、あまりにも判で押したように芸を固めすぎている、というのである。

五代目古今亭志ん生に対しては、ゾロッペエ、ズボラ、と言いながらも、客のつかみ方のうまさ、型破りの融通無碍《むげ》をほめた。志ん生流の、目の前にいる相手に対して、まるで向う河岸に呼びかけるようにする会話の手法は、表現として正しくないが、それで大勢の客をつかんでいくのが、あのひと独得の芸風だ、という評価をしていた。

これは別に圓生さん独自の解釈ではない。文楽と志ん生、このふたりの巨頭は、あまりにも芸が対照的だったために、よく比較される。不思議なことに、病に倒れて生彩を失ったころから、志ん生の評価はむしろ文楽を上まわるようになった。

しかし、異なるものを比較しても、それぞれの本質には迫れない。比較対照はたやすい手法だが、早く見切りをつけないと双方を見失ってしまうように思う。文楽は文楽であり、志ん生はあくまでも志ん生なのだから。志ん生の自在な芸を讃えるあまり、文楽の高度な型を軽く見るのは、バランスを欠いた見識と言えないだろうか。

圓生さんは八代目桂文楽の芸を結構なものと思っていたに違いない。私的に書きのこしていたものを読むと、文楽に一目置いていたことがよくわかる。

ただ、自分自身の芸をも客観視することができた圓生さんは、桂文楽の限界もよく知っていただろう。そして志ん生よりはかなり自分にとって近似種の文楽に対して、どうしても辛辣な対応をしてしまったのかもしれない。

レコード・キャビネットのなかに、桂文楽の『十八番集』だけは、ギリギリまで納まっていた。


彦六になった八代目林家正蔵と圓生さんとは、仲が悪かったといわれる。協会分裂劇も底流にはこの二人の不仲があった、という話もある。

私は正蔵師匠とのお付き合いはなかったから、実際のところはわからない。それに、長い歴史といきさつのある両師の関係をほんとうに解き明かすことは、きっと誰にもできないだろう。

昭和四十九年ごろ、正蔵さんも東芝EMIから十枚ほどレコードを出した。圓生さんは無関心の態だったが、多少気にはなっていたようだ。ある日、私が『双蝶々』などの収録されている正蔵さんのレコードを持って編集室に入ると、圓生さんは関心を示した。作業が終わったあと、圓生さんは眼を輝かせ、冗談口調で言った。

「折角でげすから、ひとつそのレコードを聴いてみようじゃアござんせんか」

圓生さんはじっと耳を傾けた。圓生さんの『双蝶々』とは、下座の曲種、録音の採り方が違っている。

「へい、どうもありがとうございました」

圓生さんは、ひとことも論評せずに帰って行ったが、その顔は自負と満足にあふれていた。

国立小劇場の落語研究会の楽屋で、私は圓生さんと二人きりで話をしていた。高座からおりてきた正蔵さんは、着替えながら圓生さんに話しかけた。

「会長がねえ」

会長とは、五代目柳家小さん落語協会会長のことだ。

「やけにゆっくりやったろう。そうでなくたって今日は番組が遅れているから、あたしゃア気が気じゃアなかったよ」

圓生さんはこの日のトリである。あまりに番組全体が遅れると、遠くの客は帰ってしまうこともある。正蔵さんはそれを気づかったようだった。

「そお」

圓生さんは時計を見た。

「いいよ。あたしゃアべつに驚かない」

正蔵さんが「お先ィ」と帰る後ろ姿を見送った圓生さんは、ちょっと冷やかな調子で言った。

「あのひとはね、怖いんです。正蔵さんと文楽さんは遅く高座にあがるのを極端にいやがる。たしかに帰る客も少しはいましょうが、遠くのかたを無理に引き留めるわけにはいきませんからね。まァ、圓生を聴きたいというお客は、これくらい遅くなったからって、帰りゃアしません」

四十八年夏ごろ、PCB公害が社会問題になり、海洋、魚貝の汚染が心配された。

これも国立小劇場の楽屋である。用があって行くと、圓生さんは正蔵さんと世間話をしているふうだ。遠慮をして脇に控えていると、圓生さんはいつものように私を招いた。

「どうぞ、こちらへおいでなさい」

前座がお茶を持ってきて、私は両長老と三人でひとつの座をつくるような、おこがましい格好になった。

圓生さんは、その日、東京新聞の特集記事のための電話取材があり、PCB騒動で魚をたべる量を減らしたかどうかきかれた、と話す。

「あたくしは肉よりは魚のほうが好きですから困っています。やはり少し控え目にしております、と答えておきましたが……」

そんな話をしているところへ、テレビ撮りのためのメイク係の女性がやってきて、圓生さんの顔に軽く何かを施した。その間二分たらずではあったが、私は正蔵さんとサシになってしまった。世間話をつづけるしか手はない。

「師匠も魚を控えましたか」

「ええ、まァねえ。だけどあたしはね、それよりも自分の齢を考えますよねえ……」

圓生さんより五歳ほど上、そのとき八十に手が届く年齢だった正蔵さんの、素ッ気ないが含蓄のあることばだった。

ＰＣＢをめぐるこの二様の反応は、両師の気質の違いをよくあらわしているように思う。圓生さんには落語界の代表者として発言を求められているという、綾がなさすぎるほど単純な自負心があり、正蔵さんには達観を衒《てら》う屈折した心境があったのではないか。

「『蛸芝居』は子供のころにやったなつかしい噺なんで、正蔵さんをさそって、客席で桂小文枝のを聴いて来ました」

古い芸仲間という意識は深かった。

私が圓生さんと一緒に大阪へ行った時のことだ。圓生さんは独演会のあと蕎麦を食べたいと言い出した。夜九時すぎの梅田界隈、いい蕎麦の店が開いているかどうか、と考えたが、思い出してお初天神に近い「夕霧そば」で名高い店に案内した。圓生さんはおいしい、と喜んだ。

「どうも旅先では、その土地を知りませんから、夜、小腹がすいたときには困りますねえ。だいぶ前ですが、あたくしは正蔵さんとこのあたりで、仕方がないからラーメンを食べたことがありますよ」

圓生・正蔵がラーメンをすすった店は、梅田のどのへんにあるのだろう。わかれば入口に碑でも建てたい気がする。

お囃子の録音がすべて終了した日、圓生さんはスタジオ近くの狸穴《まみあな》にあった高級風蕎麦屋に演奏者一同と亀さんと私を誘った。午後四時ごろだったから本格的な晩飯には早く、蕎麦はほどよい食べものだった。

圓生さんは上機嫌で蕎麦にまつわる先人のエピソードを話した。

「四代目の柳亭左楽てえひとは、ケチで有名でね。それが珍しく若いものたちを蕎麦屋に連れて行った。みんな左楽師匠におごってもらえるッてんで、この時とばかりついて行った。そうしたらね、左楽が『さァさァ、みんな遠慮をしないで何でもおあがり。もりでもかけでも』……」

圓生さんはおかしそうに笑った。みんなこのエピソードには一瞬考えこむ。しかし誰ももりやかけは註文せず、天ぷらそばか鴨なんばんを食べた。

協会分裂劇のさなか、入船亭扇橋さんからこんな話をきいた。

「あたしは圓生師匠には大恩をうけているんですよ。でも、あたしは小さん一門だから、圓生師匠を援けるわけにはいきません……。あたしは、柳家さん八から扇橋になって真打に昇進しました。その時にね、圓生師匠がウチの師匠を呼んで、『さん八は貧乏でげすから、披露の袴はあたくしが作ってあげます』ッて言ったんです。圓生師匠は当時落語協会の会長でしたけど、よその弟子に袴を作ってくれるなんてことは、ふつう考えられないことですよ。ウチの師匠もびっくりしてました。あたしもそれを聞いたときは嬉しかったですねえ」

若手の勉強会を熱心に指導した圓生さんは、誰の門ということを超えて、落語界全体を見るひとでもあった。高価な袴を他門の昇格者に贈るということはまた、圓生さんが蔭で言われるようなケチでもなかったということを示しているように思う。たしかに無駄金を使わない緊縮財政型ではあったが、芸にかかわること、これはと思うところには投資を惜しまなかった。その裏にはもちろんお内儀さんの内助もあった。

志ん朝門下の八朝さんは、前座時代、楽屋で圓生さんの着替えの手伝いをしていて、どこが気に入られたのか、突然帯を下賜され、仰天した記憶をもっている。

「あの大貫正義さんてえひとは変わったひとでしてね、あたくしが本を出すと、あたくしの家へ買いにくるんですが、これはちょっと箱に傷があるとか、汚れがあるとか、これは少し貼りの加減で題字がまがっていていやだとか、まァ何冊も何冊も見てから気にいったのを買うんです。それだけ気をいれてくださるのはありがたいが、うるせえのなんのってね……。あたくしも相当こまかいことを気にするたちですが、とてもあのひとにはかなません」

映画界からフリーの演出家に転じ、その他もろもろの企画を手がけ、落語関係の仕事も多かった大貫さんは、レコードも送り付けは拒んだ。輸送の間にジャケットに擦れやカスリ傷が出来るのを嫌うからだ。

しかし、圓生さんも別のタイプの過敏症である。

ある時、圓生さんは自宅の応接間でいろいろな資料を見せてくれた。中に戦前の第二次落語研究会のプログラムがあった。たしか全回分揃いで、圓生さんは散逸しないよう人形町・甘酒横丁の専門店で製本し、大切に保管していた。

私も興味津々だったので、圓生さんの脇に坐ってのぞきこむ。圓生さんは私が見やすいよう、その本を私のほうに差し出してくれ、演者や演目について解説を加えてくれた。

しかし、脇からのぞくというのは見にくいものだ。興がのってくるうちに、私はつい、その本に手を出そうとした。すると圓生さんは本をスウッと三十センチほど遠くへ引き離した。私には何も見えなくなってしまった。

『吉住万蔵』という人情噺がある。これは講釈ダネで、戦後、圓生さんが講談界の長老邑井貞吉《むらいていきち》と九州へ二人会の旅公演をした折り、貞吉から教わって人情噺化したものだという。

長い噺なのでやる機会がなく、貞吉の生前には高座にかけられなかったそうだ。レコーディングのための口演がたしか初演から三回目くらいだったはずだ。その時は会心の出来だったとみえ、モニタールームへ戻ってくると圓生さんはニコニコして、

「いかがです、本日の出来は」

私が心からほめると、

「おや、珍しくあなたほめましたねえ」

てへへ、と笑い、

「これで貞吉さんに恩返しができます。本日の口演、亡き邑井先生に捧ぐゥ……」

と上機嫌で、芝居がかった節をつけた。

　圓生さんは、先人、他人の芸に対する評価は客観的で、ときには辛すぎることもあったが、人間そのものに対しては温かい眼を向けていた。そういう反面は表立って見えなかっただけに、圓生さんの人柄に対する誤解も生じる。寄席の世界に生まれ育ち、寄席の人物往来を本当はこよなく愛していた圓生さんが、最後には寄席と訣別せざるを得なかったのは、悲劇である。

　レコーディングの際、この噺は誰に教わった、この部分は誰々のをとりいれた、マクラにつかった随談の裏にはこんな人物がいて、という話をよく聞かされたものだ。圓生さんの顔はそんなとき、いかにも懐かしそうだった。そして、人物描写の第一人者らしく、話に登場する寄席人《よせびと》たちには、実感のある性格分析がほどこされていた。

『一人酒盛』をモニタールームで聴き直しているとき、突然圓生さんは、ふふふ、と笑い出した。

「ね、文治に似てましょ。文治をちょいといれてみました」

　文治とは、当時再起不能の病床にあった九代目桂文治のことだ。一方的に酒を呑まれてしまう気の毒な相手役のモデルにしたというのである。圓生さんは特異な芸風と人柄のこの古老に、いつもあたたかい眼を向けていた。気の毒だが病気が病気、齢《とし》が齢だし、もうあのひとも駄目です、とポツリと言った。

さほど文治に似ているとも思えなかったが、人物描写と人情噺に長けた圓生さんの心の奥にあるヒューマニズムのようなものを垣間見た思いがした。

圓生さんの死後、お内儀さんから珍しいものを見せられた。それは圓生さんが書きとめて仏壇に納めていたもので、一日から三十一日までの日付けに分け、寄席人たちが何年何月のその日に亡くなったか、つまり命日別に整理したものだった。くわしく見たわけではないが、少なくとも圓生さん七十年の高座生活で袖ふり合ったひとは、名人上手から売れずに消えたひと、三味線のお婆さんまで書かれていたと思う。圓生さんより三ヶ月半ほど早く他界した六代目春風亭柳橋の名もあった。

圓生さんは毎朝仏壇に手を合わせるとき、これらのひとの冥福をも祈っていたのだろう。

「こんなに大勢書いてあるとは思わなかったわよ。あたしゃ、とてもこんなに背負いきれない。おとうちゃんは寄席が好きだったんだねえ」

お内儀さんはそう言って笑った。

「昭和三十九年に亡くなった八代目の三笑亭可楽てえひとは『らくだ』を売りものにしていました。ところがあのひとの『らくだ』は短いんです。あたくしものちに『らくだ』をやり始めましたが、あたくしのはだいぶ長い。そのまま速記にして『圓生全集』に載せましたら、可楽さんが、自分の『らくだ』も少しふくらませたいので、圓生さんの速記から少々借用してやらせてもらいたい、と言ってきました。あたくしが創作した噺じゃアなし、どうぞお使いくださいと申しましたが、まァ可楽さんあたりはむかしのひとですから、そういうところは律儀でしたね。ところが、『圓生全集』を出してからというもの、どうもあの全集を読んでやっているのじゃないか……と思う高座をずいぶん聴きます。つまり可楽さんのように、前もっておことわりをしないで、無断であたくしの演出を借用してやっているという……。まァ、本は誰もが買って読むものだし、あたくしも芸を速記にして公開したわけなんですから、後輩が参考にしてやるのを咎めだてはできません。あたくしだって先輩の速記から自分のものにした噺はずいぶんあるんです。でもあたくしは、速記や聴き覚えからまとめても、その噺を実地にうけついでやっているひとがいる場合には、必ずそのひとのところへ確認に行きました。たとえそれが自分よりセコなひとで自分のほうがこの噺はうまくやれるという自信があっても、習いに行ったんです。やはり紙やテープで覚えたのと、実地に教わるのとでは、違うんです。噺の勘どころ、目の配り、そういうもので参考になることが必ずあります。ですからねえ、今のひとたちも、速記で覚えるのはかまわないが、やはり仕上げをするという時には、あたくしのところへ来ればいいんです。ところが忙しいのかどうか、おいおいと教わりに来るひとが少なくなりました。レコードが出ますと、速記以上にみんなここから噺をとるようになるでしょうね……」

あるところで、あるあまりパッとしないヴェテランの落語家のことが話題になった。あるひとが言った。

「どうしてあのひとは噺がせせこましいんだろう」

圓生さんは答えた。

「腕に自信がないから、こわくて間《ま》がもたないんです。あたくしだって若いころはそうでした。客を黙って睨《にら》めるようになったのは、そうむかしのことじゃありません」

「そんなに間《ま》がもてなくても、高座にあがるのが楽しいのかしら」

「それを言っちゃアかわいそうです」

圓生さんは両方の手をすぼめて、顔の前に天狗の鼻をつくってみせた。

「どんなにセコでも、芸人はどこかでこれなんです。そうでなけりゃ、面目なくて人前であんなことをやっちゃアいられません」

「ウチの師匠はむかしは本当にこわかった。私らばかりでなく、ウチの師匠には楽屋じゅうがピリピリしたもんです。近年はずいぶんまるくなりました」

お弟子さんたちはみんなそう言った。まるくなってからお付き合いが始まった私は仕合せだった。そうでなければ、こんな大仕事は完遂しなかったかも知れない。

それでも楽屋に圓生さんが黙ってすわっていると、周囲に眼に見えない七五三《しめ》縄が張られているような雰囲気がただよう。だがそれは、まわりの者の思いすごしでもあって、誰かが話しかけるのがきっかけで、談笑の輪ができることもよくあった。

東横劇場の楽屋で圓生さんのところへ、圓弥さんが色紙を持ってきた。

「僕のお客で師匠の色紙がほしいというひとが来てるんです。お願いします」

ああ、いいよ、と圓生さんは気軽に筆をとった。そばに志ん朝さんと生之助さんもいて、みんなすることもなしにその筆先を見ている。

圓生さんは気の許せるひとばかりの楽屋だったせいか、上機嫌で多弁だった。

あたしはあんまり絵はうまくない、小さんさんはうまい、死んだ小勝もうまかった、馬生と伸治（十代目文治）はうまい、などと話しながら簡単な絵を描く。

さらに話は色紙の失敗談に及び、柳家小さんだか、三升家小勝だか、とにかく亭ではなく家の字のひとの書き損じの話をしながら、署名にかかった。

「あッ、いけない。三遊家と書いちゃった」

みんな、あァーと言ってのぞきこんだまま、ことばが出ない。

「弱ったねえ、だから言わないこっちゃない。間違えちゃったよぉ」

圓生さんは頭をかき、てへへと笑った。困ったと口では言いながら、圓生さんは状況を一歩外から眺めて楽しむように、ニコニコしつづけていた。

「どうしよう」

筆を持ったまましばし考える。みんなも面白半分になりゆきを見つめる。圓生さんは小さくうなずくと一文字つけ加え、あとをつづけた。

「三遊家元　六代圓生」

これも東横落語会。圓生さんの高座のとき、前座が高座のメクリを返すのを忘れたことがある。メクリとは、演者名を書いた紙を重ねて立看板のようにした寄席独得の表示用具で、高座の片隅に置かれる。前座がその都度めくるからメクリというのだろう。高座返し、つまり高座蒲団を返すのと一体になっている前座の基本的な仕事だ。

担当の前座は蒼くなった。そっと舞台のすそに出てメクリを直そうとする。圓生さんには見えなくても客席からは丸見えだ。客のジワで圓生さんも気付き、噺をやめて、前座の挙動に注目する。落語界でいちばん怖い圓生さんが噺をやめてしまい、反対に客のほうがザワザワしだした。前座は血の凍る思いだったに違いない。

圓生さんの表情は、動物の生態観察そのものである。怒った顔でも、笑い顔でもない。そんな圓生さんに長者の風格を見るひともあれば、冷やかな皮肉を見るひともあろう。

前座のうしろ姿を見送った圓生さんは、おどけた節をつけてひとこと言った。

「御苦労さまァ」

客席は爆笑の渦となった。そのあと別段前座君にお咎めはなかったようである。


『禁酒番屋』という噺がある。

禁酒令をかいくぐって酒屋が藩士の許へ酒を届けようと謀るのだが、番屋の検問を突破出来ない。

徳利を菓子折に忍ばせ、菓子屋になりすましたが露見、「あのここな偽り者め！」と叱責されて逃げ帰る。小細工をやめて油徳利に酒をいれ、油と称して通ろうとしたがやはり発覚、あのここな偽り者め！

酒を没収されるのは仕方がないが、番屋の役人がそれを飲んで酔っ払っているのが癪に障る。何が偽り者めだ。破れかぶれの酒屋の奉公人たち、仕返しを企んだ。尾籠《びろう》な話だが、みんなで徳利に小便を注ぎこんだ。小便を小便と称して番屋へ向かう。没収されても損はない。味をしめた役人が飲むのは、むこうの勝手だ。

計略はまんまと当たった。人肌の燗酒と喜んで口にしかけた泥酔役人は飛び上がったが、文句の言いようがない。

「あのここな……、正直者め！」

柳家系統でよくやる噺だ。圓生さんのレパートリーのなかには全く入っていない。

さて、ここは国立小劇場、落語研究会の楽屋である。テレビ撮《ど》りのため、化粧担当の女性がやってきた。

「あア、あたくしなら結構でげす。こんな爺いの顔に何をしたって仕方がありやせん」

圓生さんは澄まし顔でこんな軽口をきくことがある。メイク女性はよほど素直な育ちなのか、あっさり納得してクルリと踵《きびす》を返し、スタスタと立ち去ってしまった。いつもの癖で少し首を前に突き出し、ジイッと見送っていた圓生さん。

「あのここな、正直者め」

六代目三遊亭圓生の口から『禁酒番屋』のサゲを聞いたのは、この時これっきり。

第四章　録音室との別れ

録音の終わり

圓生さんは健康なひとだった。ＬＰ百十五枚分の録音をするあいだ、病気で休んだ日は一日もない。スケジュールの決定は二、三ヶ月前だから、当日になってちょっと風邪気味で声の出が悪い、という日が三、四回はあったが、なんとか録音をやりこなしてしまった。

ある年の三月、未明から春の雪が舞って、朝八時ごろには屋根に六、七センチもつもった。出勤前の私に、圓生さんから電話があった。

「圓生でございます。えェ、どうもたいへんな雪で……。今日はね、ひとつ止しましょう。いかがです？」

いつものように、午後一時からレコーディングの予定だった。

「師匠、マンションの上から、下の家の屋根を見ると相当な積雪に見えるでしょうが、道にはあんまりつもっていません。車も走ってます。淡雪ですし、予報でもまもなくやむと言っていますから、予定通りやりましょう」

「そうですか。でもねえ、足許が悪い。こういうときは交通事故もありますしねえ。車だってあなた、泥で汚れたり……。まァ、それはともかく、運転手の浜田も齢だから通って来るのもたいへんだし……」

圓生さんはいろいろな事情をならべたてた。

「それでは師匠、今日に限ってお迎えの車を出します。そうしたら来て下さいますか」

「そこまで言われては、行かないわけにはいきません」

「寒いところ恐縮ですが」

「いえいえ、仕事ですから、寒いのは平気でございます。それではうかがいましょう。では、のちほど……」

渋ったのは、これ一回きりである。最後まで圓生さんは炬燵でまるくなる老人ではなく、その気にさえなれば、ヒョコヒョコとスタジオにやって来るのだった。

昭和五十年一月に、圓生さんはかなり重い風邪をひいた。毎年初席、すなわち一月上旬の寄席興行で風邪をひく、とお内儀さんは言う。一月半ばに虎ノ門ホールで独演会があり、『双蝶々』の〈権九郎殺し〉を芝居噺で演じるので、体調が気づかわれたが、少々声が荒れ気味という程度で、無事に切り抜けた。

翌五十一年一月、圓生さんはまた重い風邪をひいた。これは前年をはるかに超える重症だった。この正月は五代目三遊亭圓生の三十七回忌にあたっている。表向き法要を行う回忌としては次は五十回忌で、圓生さんはそこまでは自分がもたない、この三十七回忌が最後だからきちんとしておきたい、と前々から言っていた。

追善の独演会は二日連続、平河町の都市センターホールで行われた。高熱がつづいた直後で、圓生さんはとても苦しそうだった。

初日は『山崎屋』と『夢金』の二席で、『夢金』を完全につとめるのはとても無理と判断した圓生さんは、噺なかばで待機していた圓楽さんに高座をゆずった。

圓生さんの舟宿のあるじが船頭の熊に、「支度はできたかい」と声をかけると、圓楽さんの熊が「お待ちどうさま!」と高座へ出てくる。圓生さんはなおもあるじの心で「頼んだよ」と言ってさがる、という噺のストーリーをたくみに利用した師弟選手交代だった。

翌日の二席、『鰍沢』『お若伊之助』はなんとか全篇つとめおおせた。圓生さんは疲労困憊しながらも手を抜かなかった。

毎年一月は初席あり、いろいろな行事ありで芸人は多忙なものだ。だから、一月に録音の予定をいれたことは一回もない。この二度の患いもレコーディング・スケジュール自体に影響はなかった。

しかし、この五十一年一月の風邪の後遺症はかなりのものだった。独演会のあと、新宿の小田急デパート上階にある中国レストランで法事の会食が行われたが、圓生さんの顔は蒼白く言動にもまったく生気がなかった。

「ひどい風邪をひきまして、朦朧といたしております」

そんなごく短い挨拶だけをしていた。この席には六代目春風亭柳橋、五代目古今亭今輔、八代目林家正蔵の顔もあった。

私が出口一雄さんに会ったのは、この席が最後である。一ヶ月ほどあとの二月中旬、出口さんはポックリ逝ってしまった。民間放送局の草創期以降、落語界にその名を馳せた一代の仕事師は、生涯酒を停められることもないまま、自分の事務所で倒れたのである。下谷の寺での告別式の日は寒く、厚いコートを着てボンヤリ路上に立ちつくす圓生さんの姿も、まことに心細いものだった。

出口さんの死を中間点とする前後合わせて十年ほどの間に、八代目桂文楽、五代目古今亭志ん生、五代目古今亭今輔、六代目春風亭柳橋、八代目林家正蔵（彦六）などが相次いで世を去った。圓生さんもその例外ではない。

この時期の圓生さんは一時的に虚脱状態におちいっていたようである。一月末に、『圓生百席』四月発売分のための解説文原稿を持って訪れたとき、圓生さんは応接間の長椅子に毛布をかけて横たわっていた。

ご案内のように、この原稿は圓生さんに取材して私がまとめている。いつもなら手渡して何日かあとに受け取るのだが、この様子では、いつになったら読んでくれるかわかったものではない、と私は思った。

「師匠、大儀でしたら、私が今、ここで読みあげます。お聞きになって、いけないところがあったら、ダメを出して下さい」

「そうして下さいまし」

私は大きな声で読んだ。圓生さんは横になったまま聞いている。要所要所で私は区切り、圓生さんの様子を見た。圓生さんは力なくうなずくのみである。私は朗読をつづけた。見ると、圓生さんの瞼は自然に下がってきて閉じかかる。私が声をとめると、圓生さんはボンヤリと眼を見開いた。

「お疲れですね。やめましょうか」

「いいえ、結構です。読んで下さい」

こんなことを繰り返して、ずいぶん時間がかかった。元気なときの圓生さんは原稿にいくつか朱を入れ、書き加えをするのだが、この日は一字一句の訂正もなかった。

このあいだまでの、達者すぎ、若々しすぎる圓生さんとは打って変わった姿に、私は強い衝撃を受けた。このとき私は初めて圓生さんに死の影を見た。前年十二月二十三日に『猫怪談』を収録したのが七十二席目、まだ百席には道のりがある。ひそかに惧れていた暗雲が青天の一角にはっきりと姿をあらわした――私の帰り足は重かった。

しかし私は圓生さんの再起を信じることにした。これまでのようなハイペースは無理としても、おたがいの執念でなんとか百席まではたどりつけるだろう、と私は思いこんだのだ。様子をうかがっていてもキリがないので、私は三月に五回のレコーディングを設定した。一日、二日、十日、十五日、三十一日。無駄になってもいい、スタジオで調子をとり戻してもらいたい、と思った。

それでも心配だったから、二月下席《しも》の東宝名人会に久しぶりで圓生さんが出演するというので、何度か聴きにかよった。

さいわい楽屋ではだいぶ元気になっていたが、高座のほうはもうひとつ生気がなく、平坦である。それでも、これくらいならなんとか録音はつとまりそうだ、と私は一安心した。

「どうですかねえ、まだ頭の調子がほんものじゃありませんからねえ」

三月一日、そう言いながらマイクロフォンに向かった圓生さんは、意外にも明るくなめらかに『盃の殿様』を演じた。長く休んで声が荒れていないこともよかったし、この噺が地噺《ちばなし》で、劇的な起伏はなく、本来平坦な噺であることも幸いしたのかも知れない。無理をせず、ただ努めて明るく演じたことがよかったのだろう。

それにしても、本人が心配したほど頭脳の回転は悪くなく、まことに淀みのない出来で、圓生さんもプレイバックを聴きながら自信を深めたようだった。

そのあと、圓生さんはすっかり元気になって、百席の完遂へと邁進してくれた。そして素材そのものの収録は、昭和五十二年十月三日、百十席目の『不孝者』で終了し、あとは五十四年秋まで、随時の編集・修正作業を残すだけとなった。

この最後のスタジオには、NHKのニュース・ワイド番組『ニュースセンター9時』の取材が入り、「三遊亭圓生、レコード百席を完成」のニュースは全国に流れたのである。

ホットミルク

昭和五十三年初夏の落語協会分裂、そして圓生一門による三遊協会設立の事変以後、圓生さんはものすごく多忙になった。一門全体の運営も考えなければならず、全国的な規模で、先頭に立って仕事をつくり、こなしていかなければならなかったのだ。

精神的にタフな圓生さんは張り切り、芸にも弛緩がなくなり、行動面ではむしろ若返ったようにさえ見えた。しかし喜寿を過ぎたひとの身体には、それは大きな負荷だったはずだ。三代目三遊亭金馬のようにフリーの身となり、孤高を保って自適の芸境に遊べなかったものかと思う。

さいわい、事変が起きたのは素材録音終了のおよそ半年後である。忙しくなった圓生さんだったが、編集・修正には寸暇をさいても絶対立ち会うと言って、スケジュールをやりくりしてはスタジオにやって来た。

事変の夏が終わるころから、圓生さんは少し面《おも》やつれして見えた。この年からは編集作業だけになったので、私が圓生さんに会う機会は著しく減り、平均月一、二回のペースになった。だからやつれが目についたのかも知れない。毎日接しているひとには、かえってわからない場合もあるものだ。

三味線の平川てるさんや橘つやさんにきいてみると、二人とも、圓生師匠は少しやつれてきましたね、と同じ感想をのべた。顔色も黄ばんで見え、初対面のころの、薄く赤味のさした血色のよさが嘘のように思えた。相当疲れているのだろうな、と思った。モニタールームで試聴中に居眠りをすることが多くなったのもこのころからである。

しかし、あいかわらず気は張っていたから、圓生さんの行動は元気そのものだった。忙しさを楽しみ、誇っているようにさえ見えた。関西方面から新幹線で帰って来て、そのまま午後一時にスタジオの編集室に入る、というようなこともあった。

五十三年の秋だったと思う。圓生さんは農協牛乳の紙パックをかかえてスタジオへ現われた。

「今日からね、コーヒーはいただきません。どうも腹の具合が悪いんで診てもらいましたら、軽い胃潰瘍だと言うんですよ。手術するほどじゃァない、まァ食べ物に注意をして、時間をかけて自分の身体で治すというわけです。で、コーヒーはどうもあんまりよくないらしい。牛乳はいいんですってね、胃の傷を治す作用があるんですって……。なんにも飲まず食わずじゃァ退屈ですから、これを沸かしてくださいまし」

あんまり甘くないお菓子なら食べたい、と言うので、レアのチーズケーキにホットミルクたっぷりというのが、しばらくのあいだ圓生さんのスタジオでのおやつになった。

やつれの原因は胃潰瘍だったのだ。でも経過は悪くなかったと見え、五十四年春の編集作業からは、またコーヒーが復活した。しかし、一度落ちた圓生さんの頬の肉は、もう帰って来ることはなかった。

『たらちね』

事変が起きて圓生さんが忙しくなる前、それも百席のレコーディングにほぼ目鼻がついたころ、私は何度か圓生さんに後続企画をもちかけた。

百席を収録すれば、圓生さんのレパートリーの八割方は押さえたと言ってよいが、端《は》物《もの》、小ネタで洩れているものがある。また近年演じていなくても、落語家が必修課目として通過する演目の模範演技を残してもらいたいと思ったのだ。

圓生さんは、はかばかしい返事をくれなかった。むしろ少々いやな顔をしたこともある。

「そうおっしゃいますがね、『たらちね』なんて噺は、かえってむずかしいんです」

巧くやってあたりまえ、と言われるようなネタに取り組みたくないという気持ちがはっきりとうかがえた。それはよく理解できるが、ここまできたら圓生さんをあらいざらい、という欲が私にはあった。『圓生百席補遺』というレコードをつくってみたい。

折りにふれて持ちかけているうちに多少はその気になったらしく、圓生さんは話にのるようになった。

「『しわいや』や『位牌屋』は『百席』の『一文惜しみ』とマクラなぞがつくので『百席』にはいれませんでしたが、別のかたちならばね……、今でも時々やる噺ですし……。小ネタばかりじゃなく『宿屋の仇討』もやってみましょうか。あたくしのは死んだ三木助のやっていたのとは違うものなんですよ」

どうやら『庚申待ち《こうしん》』のほうの『宿屋の仇討』らしい。

「『突き落し』もいかがですか」

「同工《どうこう》の噺が『百席』にあるし、そっちのほうがあたくしにとっては持ちネタだから避けましたが、これはやってもよろしうございます」

「『九段目』はやっていただきましたが『五段目』もどうですか。あれは私も何度かうかがっています」

「ええ、まァ『百席』に入れなかったのは、別に深い意味があるわけじゃありませんからやってもいい……。『四段目』もやるにはやるんです」

しかし、とにかく『百席』の見通しがもう少しついてから、と圓生さんが最終結論をぼかしているうちに事変が起こってしまった。すこし落ち着いてから話をし直してみたことはあったが、多忙になった圓生さんはそこまで気がまわりきらない態だった。

「小ネタと言っても馬鹿にできない。しばらくやっていないものは稽古をし直さなくちゃいけませんし、その時間てえものが……」

頭の中ではわかっていても、時が熟さず、気ものってこないという様子だった。

結局その状態のまま圓生さんは忽然と他界してしまう。四十九日もすぎて整理された遺品のなかから、藁半紙のメモがでてきた。

そこには懸案の『たらちね』、『しわいや』、『位牌屋』、『初音の鼓』、『お七』、『子ほめ』、『蔵前駕籠』、『四段目』、『五段目』、『無精床』、『のめる』、『しの字嫌い』、『鰻屋』、『人形買い』などが順不同でならべられ、『粗忽の使者』、『宿屋の仇討』も加えられていた。

何の標題も註もないので、なんのためのメモか断言はできないが、おそらく『圓生百席補遺』の素案だったにちがいない。

『江戸の夢』

監修者宇野信夫氏の作品で『圓生百席』に収録されているのは、『小判一両』、『江戸の夢』、『心のともしび』、『鶉衣《うずらごろも》』、『大名房五郎』である。芝居や放送劇のために書き下ろされた作品を噺に書きかえたもので、とくに『小判一両』と『江戸の夢』は、昭和十年代に六代目尾上菊五郎と初代中村吉右衛門によって初演され、評判になったものだ。『小判一両』はその後も歌舞伎で繰り返し上演されているが、『江戸の夢』はとんとお目にかからない。キメが細かく余韻の大きな作品だけに、最高ランクの役者が顔を合わせ、イキを合わせないと、その真価が発揮出来ないからでもあるのだろう。

東海道鞠子《まりこ》宿の在、日蔭村の庄屋のところに、ふとした縁で巡礼姿の若者が流れ着き、下男として住み込む。素姓もわからず、過去を一切語らないが働き者でまじめ、酒は全く口にしない。風貌、物腰、ことば使いすべてにどことなく品があった。

若者は庄屋夫婦に気に入られ、やがて一人娘の婿となる。庄屋は仕事を婿に託して好きな発句作りに明け暮れる。初孫の生まれる日も近く、穏やかでしあわせな日々。夫婦は江戸見物を思い立った。

その計画を聞いた婿はさっそく茶の苗木を植えて育て、庄屋夫婦の旅だちにあわせて手造りの茶を製し、江戸は浅草並木の奈良屋を訪ねてほしいと言ってその茶を託した。その主人、宗味《そうみ》に鑑定をしてもらいたい――。

奈良屋は幕府、大名筋に出入りをする立派な葉茶屋であった。宗味は持ち込まれた茶を吟味し、婿の年恰好、素姓、風貌などを問う。庄屋夫婦はありのままを答えた。不思議なこともあるもの、この茶の製法は父子相伝、自分とその息子以外に会得した者はないはず、と宗味は言う。では、私どもの婿は——？

いや、婿殿は私の息子ではあるまい。息子は酒をたしなみ、その酒の上の過ちで人を……。しかし、その息子も、もう遠くへ行ってしまいました——。婿殿は、よくぞこの秘法を体得されましたな。

立ち去る夫婦、いつまでも見送る宗味。婿はあの茶人の息子にちがいない、道理でこそ、婿のどことなく品のある物腰。庄屋女房はしきりに推測を述べるが、庄屋は「何も言うな、何も言うな」と繰り返して江戸の地に別れを告げる——。

昭和十五年一月の歌舞伎座では、菊五郎が宗味と婿を二役で演じ、吉右衛門と三代目尾上多賀之丞の庄屋夫婦が花道を下がって幕切れにしたという。

圓生さんの『江戸の夢』も、当初は芝居にならい、高座から立ち上がって、庄屋女房のこころでセリフを言いながら舞台を下がる、いわば動きと形のサゲにしていた。

『江戸の夢』にことばのサゲがついたのは『圓生百席』の録音が最初である。そのアイディアはかなり前から打ち明けられていて、圓生さんは繰り返しそれを語ることで自然の稽古をしていたように思う。

レコードの場合、動きや形のサゲではどうにもならない。耳にきこえる結末が必要だ。これは必要に迫られての改訂だが、その結果が眼に見えるサゲより劣るものなら、むしろ取り下げたほうがいい。

圓生さんは古い小ばなしを応用した。婿の人柄に茶人の血筋を見た庄屋が、歩みながら「氏（宇治）は争えぬものだ……」とつぶやくのである。もちろん、宇治は、茶を表している。

平凡な地口のようだが、簡潔で多くの余白を残し、この作品に何よりも大切な心理的余韻をいっそう大きくしている。サゲとは、奇抜、意外性をもって必ずしもよしとはしない。妙にキマッたサゲが噺の人間空間を空々しくしてしまうこともあるからだ。

作者はこのサゲをとても称讃した。作品を損わず、作品から浮くこともなく、噺全体を静かに語り納める。これこそが経験豊富な演者の生み出すサゲだと。

録音後、このサゲを実演の高座にかける機会は、たった一回しかなかった。昭和五十三年七月二十六日の落語研究会である。協会分裂事変の直後、人生の最終幕に思わぬ重荷を背負った圓生さんだったが、この夜の高座はこの時期の例にもれず、芸の最高峰ぶりを天下に見せつける出来栄えだった。その映像はTBSのビデオに遺されている。

終演後、私は四谷駅まで作者・宇野信夫氏の車に同乗させてもらった。作者はいささか興奮の態で圓生さんの『江戸の夢』をほめ、菊五郎・吉右衛門の芝居に優る、とまで言い切ったのであった。

宇野氏は圓生さん歿後も元気で文化功労者にもなったが、平成三年十月二十八日に他界した。

最後のネタおろし

昭和五十四年は、『圓生百席』の発売五年目、完結の年である。最後の二巻の発売日は十一月二十一日に決まっていた。CBS・ソニーの社内では、その発売日直後に、全三十巻の通巻予約購入客を招いて、圓生さんを囲む会を開こうか、などと、さまざまな完結記念企画案が練られていた。

そうしたことの打診もあり、また七月二十一日発売分の解説文原稿のこともあって、私は圓生宅を訪れた。その年の五月半ばのことである。

レコーディングがつづいていた昭和五十二年までは、平均月一、二回は通った圓生宅だったが、そのころはそのペースが三ヶ月に一回くらいになっていた。

夕方六時ごろ、圓生さんの夕食が終わった時分を見はからって、私は玄関のベルを鳴らした。前年来、多忙な圓生さんだが、この日は珍しく家でのんびりと過ごしていたようだ。胃の病気もなおり、血色もいくらかよくなっている。用件は一時間足らずですんだが、圓生さんは話がつきず、私は立つ機《しお》を失っていた。

落語界の問題も話題になった。事変から一年たち、圓生さんは余裕をもって回顧をする心境になっていた。袂を分かった人々に対しても淡々と語るのみだった。

圓生さんが眉をひそめていたのは、そのころの東横落語会のあり方である。

東横落語会は、昭和三十一年に東横ホール、のちの東横劇場で発足した。五回目くらいから、出演者は桂文楽、古今亭志ん生、三遊亭圓生、桂三木助、柳家小さんによるレギュラー制となり、いささか偏りがあったとはいえ、古典落語の牙城の地位を誇った。その後レギュラー・メンバーの死亡などで異動はあったが、会の基本的な性格は変わらず、圓生さんはここの高座にはたいへん力を入れていた。

「東横には東横の性格ッてものがあります。お客もそれを支持しているから来るんです。それを無闇に変えていいものかどうか。このごろ圓鏡を出すようになりました。圓鏡てえひとは人気もあり、人間もいい。しかしながら東横に出るべきひとじゃァないとあたくしは思います。圓鏡にも気の毒、お客様も気の毒ですよ。あのひとは寄席にとっては、客を呼ぶ貴重なひとです。寄席はいろんなひとが出る場ですから、ああいうひとには活躍をしてもらわなくちゃならない。けれども東横のように本格の噺をみっちり聴かせよう、聴こうという会に出るひとじゃァないんです。そりゃ世の中にはいろんな趣味のひとがいますから、圓鏡が出るということで新しく来る客もあれば、来なくなる客もありましょう。興行の成績としてはどっちの道、変わらないかも知れませんが、なにも東横がほかと同じような会になることはないと思いますねえ」

そして、国立小劇場の落語研究会だけが本来の姿を保っている、主催者TBSの白井良幹さんがキチンとしているから、と付け加えた。

その夜はなかなか話がつきなかった。その当時は民謡ブームで、私が民謡の録音もしていることを言うと、圓生さんは、むかしの寄席では色物の芸人が東京近郊の俚謡を歌ったものだと言って、聴き覚えだという青梅あたりの長持唄を口ずさんでくれた。それは宮城県や秋田県などのものに代表される祝儀唄化した長持唄と一味ちがい、早目のテンポの人足唄風のものだった。

圓生明治を歌う。そんなタイトルのレコードでもつくりますか、と言うと圓生さんは笑った。圓生さんのレコードのお囃子のなかには唄がずいぶんある。それらをうまく編めば出来ない話ではない。圓生宅を失礼したのは九時すぎだった。これが圓生さんの生前最後の私の訪問となった。そのせいか、この日の会話は鮮明に覚えている。

七月三十日夜の東横落語会『圓朝祭』で、トリの圓生さんは圓朝作『福禄寿』をつとめた。珍しい噺なので聴きにいくと、山本進さんも来ていた。山本さんは青蛙房刊『圓生全集』をとりまとめた東大落語会の中心人物で、同じ青蛙房から圓生さんが出した『寄席育ち』ほか一連の著作の聞き書きをしたひとだ。私とは比較にならないほど圓生さんとの付き合いは長い。

「おや、山本さんばかりじゃなく、あなたも来てるんですか。今日はネタおろしですからね、セコでげすよ。いけませんよ、こういうものを聴きに来ちゃ」

楽屋口で出会った圓生さんは上機嫌でそんな冗談を言った。まもなく満七十九を迎え、しかも生涯で最も多忙な日々のなかでのネタおろし、つまり初演をするというのはたいしたものである。

当日のプログラム。

宮戸川　金原亭桂太（伯楽）
たがや　古今亭志ん朝
緑林門松竹――あんま幸治　林家正蔵
――仲入り――
お血脈　金原亭馬生
廿四孝　柳家小さん

福禄寿

三遊亭圓生
下座　橘つや
平川てる

「圓朝祭」二十年の歳月は、顔ぶれの過半を変えている。

この日、楽屋の圓生さんはグレー系の夏上着に替ズボン姿、たいそう若々しかった。白い靴をはいていたのが今も眼にやきついている。トリのわりには早目に楽屋入りし、なかなか高座着に着かえない。楽屋にも落ち着かず、珍しく休憩時にはロビーに出て誰かと話をしたりしていた。

そのころ、圓楽門の楽松改メ鳳楽真打昇進が迫っていて、そのことをめぐり落語協会と三遊協会との間に若干の交流が生じつつあったらしい。でも、この夜の圓生さんの行動がそれと関連するものであったかどうかはわからない。一席ものの人情噺の初演を目前にした緊張感など毛ほども感じられない、いつものような圓生さんだった。

『福禄寿』は、繊細な話術の妙を発揮する芸の仕どころは確かにあるが、口演効果のあがる、おもしろい噺ではない。埋もれ噺になった理由もそのへんにあると思う。

そういう噺を、さすがに圓生さんは聴かせた。古風なテーマだが、放埒な惣領息子と慈愛ある母親、それをあたたかく見守る出来のよすぎる弟の三人をくっきりと描き出し、真夏の東横劇場に降りしきる雪の夜道を現出させた。つまらない噺という感想も聞いたが、そのつまらない噺で大真打《おおしんうち》の貫禄を見せた圓生さんに、私はあらためて感心した。

これが、実演の圓生さんを聴いた最後になった。

そのあとの約一ヶ月、私自身が忙しかったことと、圓生さんが東京の定期的な会でやる噺が、いずれも殊更のものではなかったために、私は聴きに行かなかった。東横では『テレスコ』、研究会では『がまの油』、松竹落語会で『夏の医者』。どれをとっても、明日ありと思う心にとって、どうしても聴いておきたいものではなかったのだ。

しかし、夜半《よわ》に嵐は吹いた。あとになってみれば、それらの小品も聴いておきたかったという気はする。とくに『夏の医者』は、レコーディングでも無傷、無修正で仕上がったほどの自家薬籠中のものだし、圓生さんによって名作に磨かれたものだけに、しかもそれが公けの最後の高座だっただけに、聴いておきたかったと思う。

だが、それらを聴き残して、最後のネタおろしで圓生さんを聴き納めたのも、自分にとっては潔い思い出になっている。山本進さんの聴き納めも、やはり『福禄寿』だったそうだ。

スタジオとの別れ

昭和五十四年の夏は長く、暑かった。東京ではいわゆる熱帯夜が幾晩もつづいた。昭和五十年以来、着実に巻数を重ねてきた『圓生百席』は完結を間近に控えていた。十一月二十一日発売予定の最後の二巻は作業工程上、九月半ばまでに原盤テープと原稿を仕上げなければならない。

ところが、私は九月にいろいろな仕事を予定していて、むしろ八月のほうがゆとりがあったので、作業を半月繰りあげたいと思い、八月に編集をやってしまいたいのです」

「私の都合を先に申し上げてはナンですが、八月に編集をやってしまいたいのです」

「そうですね、あたくしもそのほうが好都合です。九月は地方の仕事が多いんで、八月にやってしまいましょう」

それでは、というので、八月十日前後に三日間の編集日をもうけた。圓生さんが九月三日、満七十九歳の誕生日に死去したことを考えると、これはもう運命の導きとでも言うしかない。

この三日間の仕事については、格別の思い出はない。いつものように事は終始した。

たったひとこと修正できないことばがあり、それをとり直したのが最後の録音となった。

このときの編集室は、前年秋に完成した信濃町の新しい自社スタジオの一隅にあった。

「師匠、この新しいスタジオで新しい録音をしましょうよ」

「そうですねえ。しかしまァ、なにしろ近ごろの忙しいことといったら……。まァ来年にでもなりましたらひとつ……」

八月十一日の夕方、すべての作業は終わった。あとは噺の前後にお囃子をつけて、噺との間のタイミングを確認してもらうだけである。それはいつも文字通り確認するだけの作業だ。大きな問題が生じることはなく、三十分もあればすむ。九月半ばのどこかで三十分立ち寄ってもらうということにして、圓生さんは帰り仕度にかかった。

盛夏の午後五時、スタジオの玄関を出ると西日のさすなか、降りそそぐように蟬が鳴いている。それまでいつもと変わらず気軽に歩いていた圓生さんは急に立ち止まって空を見あげ、スタジオの建物を見廻した。

「終わりましたね……」

圓生さんは私と亀さんの顔を見ながら、ひとりごとめいて言った。

たしかに終わりである。計画されたものは、すべて終わったのだ。『三遊亭圓生　人情噺集成』、『圓生百席』合わせてLP百十五枚。これだけのレコードをつくったひとは音楽家でもどれだけいるだろうか。しかも録音だけで四年半、編集をいれて六年強の短期間にそれだけのものを作ってしまったのだ。

そればかりではなく、圓生さんは編集の細部にまで立ち会い、日常もこの企画のために多くの時間をさいた。圓生さんは芸と録音技術のぎりぎりの接点で自分に対峙し、自分を凝視しつづけた。それは名人・六代目三遊亭圓生にとって、そして、おこがましいが私にとっても、巨大な体験であったというほかはあるまい。

言いつくせない万感はあったはずだ。だが、そんな時、圓生さんの口をついて出たことばが、〝終わり〟という単純な、しかし絶対的な事実だけなのは、むしろ当然すぎるような気がする。

「はい、終わりました」

私もそれだけしか言えなかった。ほとんど鸚鵡《おうむ》返しの問答である。永いことお疲れさまでした、と言うのが礼儀だったかも知れない。だが、私はそう言いたくなかった。そう言ってしまうと、懸案の後続企画も何も、すべてが終わって、糸がプツンと切れてしまうような気がした。

「お疲れさまでした」

私はそれだけ言った。それは、六年前の最初のレコーディングの日から言いつづけた別れ際のことばである。

「へい、それではごめんくださいまし」

圓生さんもいつものように元気よく車中のひとになる。走り出す車に私たちは深く一礼をした。これもまた、いつものことだった。傾いた日差しが車のうしろから照りつけ、圓生さんの姿はまるで影法師のように見えた。

それが私たちの眼にした最後の圓生さんである。

食べあわせ

たしかな日付けは憶えていないが、八月十六日か十七日のことだ。仕上がったテープを聴いていて、ちょっとした疑問点を発見した。それはごく些細なことで、何だったか今は憶えていない。念のために圓生さんに問い合わせをすれば私の気がすむ、という程度のことだった。

電話をするとお内儀さんが出た。

「あァ京須さん。どうもどうも、いつもお世話さま。居ないんですよ今。神戸へ行ってるの」

「あ、恒例の東西落語会」

「そうなの。今年は志ん朝さんと小三治さんが一緒でね……。あしたの夜には帰ってますからね、すみませんがまた電話して下さいな」

今年はばかに暑いからお内儀さんも気をつけて下さい、と言って電話をしめくくろうとすると、

「本当にねえ、齢をとるといやねえ。二、三日前に急にひどく苦しんでねえ」

話の流れからすればお内儀さんのことのようだが、お内儀さんの言い方は明らかにそうではなかった。

「師匠がですか」

「そうなんですよ。胃けいれんで」

下痢、嘔吐、冷汗、悪寒。一時はたいへんな苦しみようだったという。私は半年前の胃潰瘍のことを思い出した。素人了簡でそれを関連づけ、やはり疲れが胃に来たのかな、と思った。

「大丈夫なんですか、それで神戸まで行って」

「心配なんですけどねえ、とめてやめるひとじゃないし……。あくる日にはもうふつうになっていましたけど、大事をとってお粥くらいにしてましたから、身体に力がついてない

と思うの」

医者の手当てもうけ、その意見も聞いたうえでの西下らしい。また少々の不安で高座を捨てる圓生さんではない。

神戸での圓生さんについて、共演した大阪方の桂小文枝（五代目文枝）さんから聞いた。

「わりと元気そうでしたけどねえ。上方《かみがた》の楽屋へ来て冗談を言うたりしてました。圓生師匠のほうから出向いて来はるなんて珍しいこっちゃなァ言うて、みんなびっくりしてたんですわ」

帰京したころを見はからって電話をすると、圓生さんの声はとても元気だった。

「ええ、もう大丈夫です。どうもね、ひどい目にあいました。苦しいのなんのッて。この暑いのに冬の夜具をかけてもまだ震えがとまらない。驚きましたね。すぐになおりましたが……。なにね、食べあわせが悪かったんです。ええッ？　それがね、ウイスキーと生卵。変な食べあわせでしょ。前の晩にね、夜業《よなべ》をして、夜中に寝つかれないんですよ。で、ウイスキーを飲んだ。ええ、もちろん、あたくしはストレートってえやつで、生《き》のまいただく。小腹も空いてたんで何か、とは思ったが、みんな寝ていて悪いから、冷蔵庫をあけましてね、卵をやったというわけなんです。とんだ御心配をおかけいたしました。もうすっかり大丈夫で……」

この電話が、圓生さんとの最後の交信となる。

八月二十日すぎ、私はTBSの白井良幹さんに会った。白井さんは古参のプロデューサーで、おもに演芸を担当し、なき出口一雄さんの信任は篤かった。国立小劇場で落語研究会を主催し、そのなかから選んで、月一回深夜に「落語特選会」（現・落語研究会）をテレビ放映するのは、白井さんの代表的な仕事である。その誠実な仕事を圓生さんはいつも高く評価していた。その白井さんも平成十七年に他界している。

会話のなかで圓生さんの〝胃けいれん〟のことを私は話した。すると、同席していた室田知弘さんという私どもの会社の宣伝プロデューサーが、それはことによると心臓の病気だよ、と真顔で言った。

何年か前、彼の実父が同様の症状を呈し、医者も周囲も消化器の障害と思っていたが、それは心臓の変調のあらわれで、結局何度目かの発作で命を奪われてしまったと言うのだ。

それはひどく気になる話だったが、医学の知識に乏しいから、それ以上の話題とはならない。だが、そのとき私どもはおそろしい想像をした。

今、圓生さんにもしものことがあったら、何がどうなるだろうか——。

放送や雑誌、新聞は追悼でにぎわい、圓生さんの名声、評価はさらに直線的に上昇するだろう。レコードも一時的には爆発的に売れるのではないだろうか。だが、巨星墜ちて闇がひろがり、落語界はしばらく不毛に近い状態になりはすまいか。それほどに圓生さんの存在は大きい――。

そんな認識で私たちは一致した。しかし、圓生さんはまだまだ大丈夫だろう、あの気力、あの執念にほだされて、芸の神様は圓生さんにまだ少なくとも数年の蠟燭の灯をともすに違いない。私たちはそんなふうにも話し合った。五十一年初め、重い風邪がもとで衰弱した圓生さんを知っている私には、今の見かけは比較的元気な圓生さんに、差し迫ったものは感じにくかった。

しかし、口にしなかったものの、先ゆきの展望を私はあまり持ってはいなかったのである。なぜか、やはり仕事はこれで終わってしまうのではないだろうか、という予感があった。それは小さな予感だったが、淡いものではなかった。それがおそろしくも、仕方なくも思える。おそろしいからこそ、あのスタジオでの別れで、永いあいだお疲れさまでした、と私は言えなかったのだ。

昭和四十八年四月、花びらが肩にかかる道を圓生宅に向かうとき、私は将来に展望を抱くことができた。その段階ではまだあまりに根拠が薄弱だったのに、私は数年後の成就を見通していたように思う。その実績がありながら、今、新たな展望が抱けないのは何故なのだろう。

年月がたち、私も三十代の後半に入った。圓生さんも数え年なら八十歳を迎えた。そして大仕事はたしかに一区切りがついている。おそらく、展望が抱けないのは、『圓生百席補遺』が幻に終わりそうに思えるのは、別段インスピレーションでもなんでもなく、自然ななりゆきから生じる一種の脱力症状のなせるわざだったのだろう。

長かった『刀屋』

白井さんたちと赤坂で別れたあと、私は信濃町のスタジオへ入った。

先日、圓生さんの立ち会いで仕上げた噺の前後にお囃子をつけ、もう一度通して全篇を試聴する作業のためである。

この作業が終われば、音の素材は完成し、それを工場に送って、そこからレコードを生産することになる。さて完成してみて、ひとつ困った宿題が生じてしまった。『刀屋』という噺が長すぎるのだ。

『刀屋』は『牡丹燈籠』の発端と同名で呼ばれるため間違われやすいが、『おせつ徳三郎』のことだ。『花見小僧』という噺があって、これが『おせつ徳三郎』の「上《じょう》」ということになっているため、『刀屋』ではなく、『おせつ』の「下」としてやるひとが多い。

『刀屋』は優に四十分を超えてしまった。四十一分十三秒。これは百六席目で、『紋三郎稲荷』の裏面に収録することになっている。ＬＰレコードの片面収録時間は二十五分くらいが標準だが、内容により三十分を超えることはいくらでもあるし、話芸は音量エネルギーが大きくないから、三十五分を超えることも可能ではある。

しかし、収録時間が長くなるほど、ＬＰ面の音溝はせまくならざるを得ないので、音量レベルを下げてレコードを作成しなければならなくなる。エネルギーの小さい話芸とはいっても、片面四十分を超えるとなると技術上の問題が生じてくるので、そういう噺は片面ではなく両面収録にしよう、と内々に決めていた。

販売上の利点から『圓生百席』の具体的な内容確定を私どもは急いだものだ。しかし『刀屋』のようなケースがないとは言えず、そこに若干の危険をはらんでいた。

前にも書いたように、『百川』が片面と決まった段階で全体の編成に見通しをつけ、完結に先立つこと三年半の昭和五十一年春に『百席』の全容を発表してしまった。最終局面で『刀屋』を両面にのばそうにも、やりくりの余地はまったくない。

方法はひとつ、五分、少なくとも三分半ほど、どこかをカットして噺をちぢめること。

私はもう一度全体を聴いて、カットできる場所を探した。いちばん簡単なのはマクラをちぢめることで、江戸の故事にまつわる随談風のところがあれば、それは音声からは省いて解説文のなかに織りこもうと思った。それは『百川』を片面におさめたときの手法である。

恰好な場所があれば、その旨を電話で圓生さんに伝え、私と亀さんとで編集処置をしてしまえばよかろう。そして九月半ば、お囃子のつけ方を確認しに圓生さんがスタジオに来る時、そこも聴いてもらえばいい。それが忙しい圓生さんにとっても一番よい方法なのではなかろうか。

だが、カットする場所を私は見つけられない。珍しくマクラはほとんどやらず、冒頭から登場人物それぞれがみっちりと語っている。人情噺系のものだけに緻密に組みあがっているから、どこもたいせつな箇所に思える。

内容の一部カットを九月半ばまで持ちこすことは作業工程上好ましくはないが、私は圓生さんにカット箇所を指定してもらおうと思った。この場合、演者本人でもカットはしにくいのではないかと思われるから、圓生さんはカットよりも全体の三分の一くらいをやり直す道をとるかも知れない。

そのことを圓生さんに連絡しようと思いながら私も忙しく、九月半ばの日取りさえとらないまま、その年の八月は終わってしまった。

長生きのおかげ

九月に入っても残暑は衰えない。九月三日も晴れて、たまらなく蒸し暑い一日だった。午後から夜にかけて、何人分かの写真撮影の立ち会いがあり、私は六本木の撮影スタジオに詰めていた。

撮影というものは時間がかかる。化粧、着付け、ポーズ、光量や光の角度の調整などにかなりの手間をかける。レコーディングとちがって私が権限の主体となる場面はごく限れている。とくに準備の最中はなすところなく時間がたっていくものだ。

私は多少あせり、苛立っていた。予想通り九月に入ると仕事はむやみとたてこんできた。『圓生百席』の音のほうは、『刀屋』の問題を残して目鼻がついているが、圓生さんの解説文の原稿おこしはまだ手つかずの状態である。

圓生さんの口述テープは、八月十日ころにスタジオで受け取っていた。それを文章におこす作業は、ある程度まとまった時間がとれないとなかなか出来るものではない。そしてそれが出来ないまま、もっと忙しい九月に入ってしまったのだ。

どうしよう、どうしよう、と日夜思いながら出来ない自分への腹立ちもあって、私は苛立っている。そんな気持ちは他に否応なしの仕事でもあれば紛れてしまうものだが、無為な待ち時間があったりすると、またぞろ頭をもたげてくるのだ。

その撮影スタジオは大道具を搬入するときのために、二方が大きく開いて、そこと外界との間は大きなスチールのシャッターで仕切られているだけだから、暑い外気の影響をうけやすい。一方、強力な冷房装置もついているので、温度は一定せず、暑くなったり、急に冷えこんだりした。そんな不自然な生理感覚が苛立ちをつのらせた。

私は携帯用カセットテープレコーダーを取り出し、イヤホンで圓生さんの口述テープを聴く。漫然とでも聴いておけば、文章おこしの際に作業がはかどるだろうと思ったからだ。また、少しでも足しになる行為をしていることで、自分の気持ちを鎮めるつもりもあった。

待機時間が来るたびに、私はイヤホンで圓生さんの声を聴きつづけた。九月三日の撮影は思いのほか長引き、時刻は夜八時をすぎた。私は百十席目、つまり『圓生百席』最後の噺『帯久』の口述解説を聴いていた。

「えェ、『帯久』。この噺は、もとは大岡政談のひとつのようでございます。それが上方で『帯久』……あるいは『指政談』などともいう……噺になりまして……。あたくしは若いころ、そうでございますね、廿歳《はたち》くらいのころに、大阪の桂文我というひとの口演速記を読みました。それは『名奉行』という題になっておりまして……。やってみたいと思いましたが、まず江戸に舞台を直したい、まァ、大岡政談に戻したいと考えました。で、あたくしが（数え年で）廿四のとき、ちょうど関東大震災の年でしたが、葭町《よしちょう》の鳶頭《かしら》に『江戸の華』という、江戸の大火の記録本を借りまして、写せるだけ写させてもらい、大岡越前守が活躍したという享保年間の大火を調べて、この噺にとりいれました。

ところが、そうして準備はしましたものの、この噺はたいへんむずかしくて手がつけられない。歳をとってからやる噺だとは思っておりましたが、予想以上に至難な噺でございまして、結局やれないままに永いこと温めておりました。

ようやく、昭和三十二年の十月三十一日に、本牧亭の独演会で初演をいたしました。あたくしが（満で）五十七の時でした。はたちぐらいからですから、ずいぶん温めたもので……。

この時の出来は良いほうで、放送局のひとから、『帯久』を放送でやってくれとも言われましたが、長い噺だし、むずかしいわりにはワッとウケるような噺じゃアない。その後やる機会がないままになっておりました。

今度、この『百席』をやるにあたりまして、『帯久』もぜひ、と言われ、それではやってみましょうということで……。ですから、この録音が生涯二度目の口演でございます。はたちの時分からの懸案をこうして録音して残すことが出来たというのも、長生きのおかげだと思います。

まァ、この録音の出来栄えも、自分で言うのもおかしうございますが、流れもよし、まずあたくしのやったもののなかでも、いいものだと思います。

この噺のなにがむずかしいかと申しますと、人物描写でございます。和泉屋與兵衛のような善人の表現はまことに至難でございまして、悪人は技巧によって描くことができますから、帯屋久七のほうはなんとかなりますが、和泉屋はむずかしい。

どんな事情があるにせよ、火付けをしようとした和泉屋に大岡さまが情けの裁きをするのですから、根っからの善人に見えなくてはいけない。しかし、そういう人物を描こうとしても、どこかに演者の人間的な〝癖〟が出るもので、それを出さないようにやる、それがむずかしいんでございます。

しかし、そんな善人でも、ちょっとした感情のもつれや境遇で火付けをしてしまうという、それらを自然に聴かせるというのは、苦心のいるところでございます。そのほかにもいろいろな人物が出ますが、骨の折れるわりには地味な噺でございます。

そういう噺をこれほどに出来たというのは、長生きのおかげでございまして、本当にありがたいことだと思っております。

ええ、これをもちまして終わり。解説、全部おしまいでございます」

ブツッと、録音ボタンを解除した音が残った。長生きのおかげ、ということばが二度出てきたのが、私にはとても意外だった。自他ともに認める万年青年、三遊亭圓生には似つかわしくない言い方である。

撮影は十時すぎに終わった。スタッフと街へ出て食事をし、帰宅したのは夜半近くである。

訃　報

自宅の玄関をあけると妻が飛んできた。そして圓生さんが亡くなった、と告げた。私は愕然としたが、まったく思いがけないことが起きたような気はしなかった。来るべきものが来た、という思いが第一にした。もちろんそれはものすごい衝撃と重みをもった思いではあったけれど、私は決して耳を疑わなかった。信じられない、などということばは、嘘にも脳裏をかすめはしない。ただ、なんの前ぶれもなく、突然この日に――というのは、やはり驚きだった。

圓生さんは誕生日のこの日、千葉県習志野市の後援会発足パーティーで倒れ、夜九時すぎに心不全で亡くなったのである。やはり心臓だった——。私は一週間前の同僚の話を思い出した。

それにしても突然だったので、どこか実感の伴わないところがある。人間の脳裏にはいくつもの回路があって、それぞれが別のリズムをもっているから、急激な変化に対して一斉に同じ反応を示すことはないらしい。ひとつひとつを手作業で切り換え終わるまでは一種不思議な気分で、悲しみはもちろん、感慨すら浮かばないことがある。

圓生さんの訃報を聞いて何人かのひとが電話をくれたというので、私はそのひとたちに連絡をとった。志ん朝さんのマネジャーの前島達男さん、TBSの白井良幹さん、そして寄席文字の橘左近さん。

「柳童、圓童ともにいなくなりましたね」

私は左近さんに言った。柳童・六代目春風亭柳橋は五月中旬に他界している。明治末の二人の子供落語家のうち、もうひとりの圓童もさきほどその後を追ってしまったのだ。

「そうだ。こりゃア昭和三十九年以来だね」

左近さんは感慨を述べた。

三笑亭可楽、三遊亭円歌、三遊亭金馬三人の大看板に加えて、三遊亭百生も失った東京オリンピックの年を左近さんは回顧していた。

そのほか、どこだか忘れたが、新聞社の取材をひとつ受けた。どこをどうたどって私の家の電話番号を知ったのだろうか。

そんなことをしているうちに時計は九月四日の午前一時を指していた。もっと早く急を知っていれば圓生宅へかけつけたものを、と私は思った。こんな際だから時間に関係なく行くべきだったのかも知れない。しかし圓生さんの遺骸が習志野から帰宅したかどうか、様子もよくわからず、圓生宅に電話をするのもはばかられて、私は出遅れついでに夜明けを待った。

朝、まず会社へ行き、善後策を決めるとすぐに圓生宅へ行った。すでに応接間はきれいに片付けられて単なる空間と化し、圓生さんのなきがらは奥の稽古場兼書斎で静かに眠っていた。

いつの場合もそうだが、見なれた部屋の様子の一変は、否応なしに死の宣告を納得させる。すでにこの家は六代目三遊亭圓生こと山崎松尾の告別の斎場になっていた。自室の窓際に端坐した圓生さんが、こちらを振りむき、

「おや、いらっしゃいまし」

と老眼鏡をはずしながら、こんな暑さの日なら浴衣がけで応接間のほうへ出てくる……

そんな光景は想像したくてもできないほど、部屋は別の装いになっている。

私はお内儀さんに手を突いて遅参をわびた。

「とんでもない、いいのよォ。びっくりしたでしょ。あんまり急だったものねえ」

お内儀さんは私にきいた。

「圓生、全部やっていったんですか、録音。し残したりしてないでしょうね。おたくに御迷惑なこと、ない？」

「お内儀さん、師匠みんなやっていってくださいました」

「あァ、よかった。それが心配でね。だいたい終わったようだとは思っていましたけど、あたしには細かいことがよくわからないから、し残しているんじゃないかと思ってねえ……。本当によかった。レコードにはあんなに気を入れてたんだもの、途中だったらおとうちゃんがかわいそう。本当に永い間お世話になりました。ありがとうございました。芸が全部残って、圓生は仕合せですよ」

「こちらこそ……。永いことお世話になりましてありがとうございました」

圓生さんには言わなかった「永いこと……」という挨拶を、三週間後に私はお内儀さんに言うことになったのだった。

三週間前に圓生さんはすべてをし終えて旅立っていった——ということに、私はした。

長すぎた『刀屋』をどうするかは、とうとう問わずじまいになってしまったが、そのことも含めて、圓生さんはすべてをやっていったことにしよう、と私は心に決めたのであった。

虚空の別れ

その夜、つまり九月四日夜、圓生宅で通夜が営まれた。圓生宅自体は広いとはいえ、マンションの中での葬儀はなかなか困難である。建物自体も圓生宅も造りは一方口、そこへおびただしい花、供物、そしてひとが集まったから、暑さのなか、戦場の観を呈した。そのうえに報道陣も加わり、ひとは建物の外にあふれ、街路を埋めつくした。

空模様は夕方から怪しくなっている。小さな台風が西日本の近くにあった。雲の大きなかたまりがあちこちに乱れ、湿気はますます増して空気は重く淀んでいる。ようやくこの年の炎熱の夏が終わろうとしているようだったが、季節の変わり目の暑さはまた格別のものだ。日が暮れると、時折り大粒の雨がバラバラと落ちてきたが、傘の心配をするほどではなかったので、外にあふれた人々には幸いだった。

玄関口で山本進さんに会った。山本さんは前夜、藤沢の自宅で訃報をうけ、圓生宅へかけつけて、なきがらの枕辺で夜を明かしたという。圓生さんの五十代から深いかかわりをもった山本さんの思いは察するにあまりある。

「録音は終わっていたんでしょ」

山本さんはお内儀さんと同じことをきいた。

「ええ、もうすっかり」

「よかったですねえ」

何人かのひとから同じ質問をうけた。最終作業が終わったのが三週間前、という私の証言に、みな一様に驚きと感動を示す。

圓生さんのレコードへの打ちこみようを知っているひとたちは、あらためて故人の執念を感じ、この結果にドラマを見る。本人の圓生さんよりも、私よりも、一歩外のひとのほうが、よりドラマを感じるのかもしれない。たしかに圓生さんは、レコードのためにするだけのことは全部して、あわただしく旅立ってしまった。『刀屋』の件は残ったが、それはあとから発見された問題である。

もし私が手早く圓生さんに電話して『刀屋』の短縮について相談していたなら、圓生さんはそれを解決するまで生き永らえたのだろうか。それともそれに心を残しつつ黄泉路《よみじ》へ発ったのだろうか。

霊前にぬかずいたあと、私はいったん外に出た。そのほうが顔見知りの弔問客と挨拶や話がしやすい。遠く稲妻が走り、空は荒れ模様をきざしていた。昼間の約束で、ふたつの週刊誌の談話取材をうける。それを終えて圓生宅へ戻ったのは九時半ごろ、もう通夜の式次第はすんで、新たな弔問客はなかった。そのころから雨はすっかり本降りになった。

近親、知己、門人、親しい落語家たちだけの通夜がはじまった。数年来、私が通いなれ、見なれた応接間と故人の書斎兼稽古場はひとつの空間になり、鯨幕《くじらまく》で包まれている。ベランダ側に祭壇が設けられ、窓の外はちょっと見にくくなった。光景が一変し、感傷を誘うものが眼に入らないのも悪いことではない。二部屋分の広い空間が手狭なほどに大勢がいて、飲み、食い、よくしゃべって、この世界らしい陽気な供養の一夜となった。

夜半、雨はますます激しく、雷鳴がくりかえし轟いた。雷嫌いのお内儀さんは両耳をふさいで、怖い怖い、と腰を浮かし、みんなの中を右往左往した。その怖がりようがまるで少女のように可愛らしく見えて、みんなの笑いを誘った。

一日おいて九月六日の昼、圓生宅で密葬が営まれた。本葬は十二日に青山葬儀所と決まっていたが、圓生さんのなきがらとはこの日がお別れになる。

雲ひとつなく晴れ、炎天猛暑の一日である。しかし風がかなりあり、空気も少し乾いてきて、真夏とはどこか違っていた。

私は亀さんとともに圓生さんの書斎の一番奥に腰をおろす。後ろには押し入れがあった。解説のための対談の際、いつも圓生さんはこの押し入れから大事そうにカセットレコーダーをとり出したものだ。

二部屋分の空間にぎっしりと黒装束のひとが詰まる。とてもエアコンではまかないきれないので、すべての窓があけ放たれた。書斎は角部屋だから、二方に窓がある。私が腰をおろした位置、つまり押し入れの横にも小窓があって、それをあけると、そこからも新宿副都心の高層ビル群が見えた。初めてここへ来た時より、ずいぶんビルの数はふえている。

畳の上に正坐をする。小窓の位置は高いので付近の建物は見えなくなる。あくまで青い虚空と遠くの摩天楼だけが眼に入る。私は空中での儀式に立ち会っているような奇妙な錯覚を覚えた。

読経が始まる。青い空に浮いてそれを聴いていると、その読経にのって、あの『文違《ふみちが》い』が、あの『淀五郎』が、あの『文七元結《ぶんしちもっとい》』が、あの『妾馬《めかうま》』が、『庖丁』が『掛取万歳』が『鰍沢』が『夢金』が『三年目』が『夏の医者』が……、次から次へと虚空に吸い込まれていくように思われて、私はたまらない気持ちになった。

たしかにレコードは残された。しかし圓生さんの肉体はもうなにも語らない。あの高座の笑顔を見ることはもう出来ない。

読経は終わった。焼香を待ちながら、私は隣りの亀さんにささやいた。

「『刀屋』、あのままいこう」

亀さんはうなずいた。

一言半句をおろそかにせず、すべての噺に耳を通して自分の芸をたしかめた圓生さんを差しおき、噺に手をつけることは私には出来ない。

四十分を超えるレコードを造る技術上の困難は、担当部門になんとか乗りきってもらおう――。気心の知れた亀さんにそこまで言う必要はなかった。

窓から吹きこむ風はいくらか勢いを増している。鯨幕のすそはひるがえり、祭壇の花や葉がかすかに乾いた音をたてていた。

三遊亭圓生　人情噺集成・圓生百席　収録日順演目一覧

1	真景累ケ淵――完悦殺し	昭和48年6月5日
		〃　8日
2	深見新五郎	〃　6月11日
3	豊志賀の死	〃　6月12日
4	お久殺し	〃　6月30日
5	お累の婚礼	〃　7月2日
6	勘蔵の死	〃　7月3日
7	お累の自害	〃　7月9日
8	聖天山	〃　7月12日
9	牡丹燈籠――お露と新三郎	〃　7月16日
10	御札はがし	〃　7月19日

11　牡丹燈籠――栗橋宿（おみね殺し／関口屋強請）　〃　7月23日
12　乳房榎――おきせ口説　〃　8月24日
13　重信殺し　〃　8月28日
14　髪結新三（上）　〃　11月19日
15　髪結新三（下）　〃　11月26日
〃　29日
16　梅若禮三郎（上）　〃　12月3日
17　梅若禮三郎（下）　〃　12月4日
18　松葉屋瀬川（上）　〃　12月6日
19　松葉屋瀬川（下）　〃　12月10日
〃　14日
20　双蝶々（上）　〃　12月15日
21　ちきり伊勢屋（上）　昭和49年2月5日
22　ちきり伊勢屋（下）　〃　2月8日
〃　9日

23	札所の霊験（前）	〃	3月15日
		〃	16日
24	札所の霊験（後）	〃	3月16日
		〃	22日
25	双蝶々（下）	〃	4月2日
26	中村仲蔵	〃	7月10日
27	夏の医者	〃	7月16日
28	鰻の幇間	〃	7月29日
29	一文惜しみ	〃	8月5日
30	猫定	〃	8月7日
31	長崎の赤飯	〃	9月21日
32	大山詣り	〃	9月27日
33	百年目	〃	10月1日
34	紀州	〃	10月2日
35	三人旅	〃	10月14日
36	寝床	〃	10月15日

37	御神酒徳利	〃　10月21日
38	お藤松五郎	〃　10月22日
		昭和50年3月31日
39	阿武松	昭和49年10月23日
40	へっつい幽霊	〃　11月15日
41	お祭佐七	〃　11月20日
42	左甚五郎	〃　11月25日
43	錦の袈裟	〃　11月27日
44	蕎麦の殿様	昭和50年2月10日
45	三年目	〃　2月10日
46	文違い	〃　2月12日
47	山崎屋	〃　2月21日
48	居残り佐平次	〃　2月24日
49	廿四孝	〃　3月3日
50	彌次郎	〃　3月4日
51	おかふい	〃　3月5日

52	品川心中	〃	4月7日
		〃	8日
53	紺屋高尾	〃	4月8日
54	鰍沢	〃	4月16日
55	なめる	〃	4月21日
56	淀五郎	〃	4月28日
57	付き馬	〃	4月30日
58	湯屋番	〃	5月7日
59	お若伊之助	〃	5月14日
60	死神	〃	5月23日
61	樟脳玉	〃	5月28日
62	洒落小町	〃	5月30日
63	一人酒盛	〃	6月9日
64	夢金	〃	6月10日
65	庖丁	〃	6月11日
66	豊竹屋	〃	6月18日

67 永代橋 〃 6月20日
68 らくだ 〃 7月2日
69 花筏 〃 7月7日
70 千両幟 〃 7月8日
71 佐々木政談 〃 7月16日
72 遠山政談 〃 7月18日
73 鼠穴 〃 8月6日
74 大名房五郎 〃 8月25日
75 汲みたて 〃 8月26日
76 代脈 〃 8月27日
77 テレスコ 〃 8月27日
78 掛取万歳 〃 9月3日
79 妾馬 〃 9月26日
80 鹿政談 〃 9月29日
81 ミイラ取り 〃 9月30日
82 引越しの夢 〃 10月8日

83	真田小僧	〃	10月8日
84	小間物屋政談	〃	10月13日
85	火事息子	〃	10月15日
86	骨違い	〃	10月20日
87	百川	〃	10月20日
88	紫檀楼古木	〃	10月22日
89	水神	〃	10月27日
90	唐茄子屋	〃	10月28日
		〃	12月9日
91	がまの油	〃	11月10日
		〃	11日
92	田能久	〃	11月11日
93	酢豆腐	〃	11月12日
94	派手彦	〃	11月19日
95	茶の湯	〃	12月2日
96	雁風呂	〃	12月16日

97 猫怪談　〃 12月23日
98 盃の殿様　昭和51年3月1日
99 五人廻し　〃 3月2日
100 能狂言　〃 3月10日
101 仙台高尾　〃 3月15日
102 刀屋　〃 3月31日
103 浮世風呂　〃 4月9日
104 三軒長屋　〃 4月12日
〃 28日
105 心のともしび　〃 5月6日
106 近江八景　〃 5月11日
107 蛙茶番　〃 5月12日
108 肝潰し　〃 5月13日
109 小言幸兵衛　〃 6月10日
110 文七元結　〃 6月15日
〃 16日

111	紙入れ	〃	6月16日
112	小判一両	〃	7月19日
		〃	10月8日
113	城木屋	〃	7月20日
114	浮世床	〃	7月28日
115	お化長屋	〃	7月29日
116	紋三郎稲荷	〃	8月12日
117	岸柳島	〃	8月13日
118	三十石	〃	8月23日
119	吉住万蔵	〃	8月24日
		〃	25日
120	質屋庫	〃	9月18日
121	おさん茂兵衛	〃	9月28日
122	無学者	〃	11月8日
123	子別れ（上）	〃	11月9日
124	江戸の夢	〃	11月16日

125	子別れ（中）	〃	11月17日
126	子別れ（下）	〃	11月17日
127	九段目	昭和52年	3月10日
128	鶉衣	〃	3月17日
129	花見の仇討	〃	4月19日
130	帯久	〃	6月21日
131	猫忠	〃	7月19日
		〃	26日
132	芝居風呂	〃	7月19日
		〃	26日
133	後家殺し	〃	8月9日
134	一つ穴	〃	8月12日
135	不孝者	〃	10月3日

あとがき

圓生の芸談をまとめてみませんか――。

青蛙房主人・岡本経一氏からそういうお話をいただいたのは、圓生さんの新盆も近い昭和五十五年の梅雨どきでした。

私がレコードの解説文のために圓生さんから聞き書きをしたものをさらにふくらませてみたらどうか、というお話でした。

気持ちはかなり動きましたが、周辺の事情もあり、また私の能力では、整理しきれないような気がしました。

たしかに材料はかなりあるのです。すでにレコードに添えて文字にしたものだけでも集めれば相当な量になります。それに素材となった圓生さんの談話のテープも半分ほどは私の手許に残っています。ふくらますことは不可能ではありません。

しかし、芸談には故実や記録が付きものです。博覧強記の圓生さんであっても、知識の穴や思い違いがないわけではありません。芸談として正面切ってまとめるからには、それらを検討し、考証し、補う必要があります。

そのための素養と時間がないことは、私自身がいちばんよく承知しています。結局、いつのまにか企画は立ち消えのようになりました。

青蛙房主人から、圓生に限らずレコードの制作にまつわることをいろいろと書きとめてみてはどうか、とすすめられたのは、昭和六十一年五月のことでした。

私も二十年近くレコード制作の仕事をして、寄席芸能から民俗芸能、古典邦楽、クラシックなど、ずいぶんいろいろな分野を手がけてきましたから、ある程度の持ちネタはありましたので、意欲をもちました。年齢的にもひとつの区切りめいたものをつけたい齢になっていたのです。

それにしても、私のキャリアのなかで圓生さんのしめる割合はとても大きなものです。中心人物はやはり圓生さんにならざるをえません。私は試みに圓生さんとの出逢いを書いて青蛙房主人に見せました。その結果、いっそのこと圓生さんだけにしぼって書いてみてはどうか、と言われたのです。

圓生さんのことだけでどこまでまとめきれるか不安はありましたが、私はやってみることにしました。

さて手がけてはみたものの、勤めの身で、しかも夜にくいこむ仕事が多いため、夏季休暇の数日をのぞいて、ほとんど日曜大工のありさまでしたし、九月から十月にかけてはその日曜もあまり使えず、少々苦しみました。それでも十一月なかばにはどうやらこうやら脱稿することができました。

圓生さんというひとは、決しておもしろい素材ではありません。エピソードにあふれ、秘密に満ち、型破りの言動をする、というひとではありません。

艶っぽいところはありましたが、全体的には真面目で努力家で技芸すぐれ、功成り名遂げたひとなのです。それをひたすら讃えるだけでは、とても読みものにはなりません。だからといって当世流の裏面あばきに終始したところで、たいした掘り出し物が出てくるわけでもないのです。ですから、おもしろくておもしろくてたまらないというような書物を書くつもりも自信も初めからありませんでした。

私が書いてみたいと思ったのは、レコーディングという、世の中一般から見れば少々特異な仕事、それも短期間に百枚ものレコードを作るという、とびきり濃度の高い仕事を通してみた、稀に見る芸の虫、芸の鬼の姿だったのです。

それがどこまで功を奏しているか、自分ではよくわかりません。ただ私は、いわゆる芸界裏ばなし集にならないよう、わけ知りの回顧談めかないよう、出来るかぎり自分自身の体験にもとづき、実感したことを書くように努めたつもりです。

そして、私のような本来ことごとしく私見を標榜すべきではない裏の仕事師が、至らぬながらどのように名人に対処し、そして仕事に恵まれたかを、わずかでも知っていただけたらうれしいと思います。

私は神田で生まれ育ちました。神輿などかついだこともない威勢の悪い神田ッ子ですが、父方母方双方の祖父は芸事が好きで、ともに大正時代、上野鈴本の大旦那・鈴木孝一郎氏と同じ旅行会に属したりしていました。母方の祖父は圓朝を聴いたそうです。

私の父母も芸は好きで、幼い私をよく寄席や芝居……もちろん歌舞伎……に連れていってくれました。芋と焼跡の時代にそうしてくれたことを私は感謝しています。

私が圓生さんに出逢い、奇蹟のような仕事をなしえ、今こうしてひとつの書物を書くことが出来たのも、遠い昔からの御約束だったのかも知れません。

昭和六十一年初冬

文庫のためのあとがき

本書を中公文庫に加えたいというお話を中央公論新社の横田朋音さんからいただいたのは、社名に「新」の字が付く少し前、平成十年秋の初めでした。次の年は圓生歿後二十年にあたるから、というのが提案動機のひとつだったようです。考えあわせれば、堅いケース入りの書籍として青蛙房から出版したのは、ちょうど干支のひと回り前のこと。そんなところに巡りあわせのようなものも感じられました。

十二年の歳月の間に、かつて圓生さんを取り巻いていた環境にも変化が生じました。縁あった人々が何人か圓生さんと同じところへ旅だっています。その間に機会があって、私も落穂拾いのような短文をいくつか書いております。そうした要素を加味し、今回の文庫化にあたって、少し文章は整え直しました。

メディア化がますます進行する現在、人々はすぐれた作品や技芸の成果をたやすく、しかも大量の情報として、いつでも我がものにすることが出来るようになりました。『圓生百席』もそうした素材のひとつでありましょう。

その反面、人々は技芸の成果を長い時間かけて見守り、育むことには手を貸さなくなったようです。世の中は否応なしに変わるもの、落語における「名人の世紀」も、十九世紀最後の年に歿した圓朝に始まり、その年に生まれた圓生に終わるのではないか、と思われてなりません。

最近、若手の落語家がタレントめいた要素でベテランをしのぐ人気を得ているのは、二十一世紀の落語のありようを示唆しているのではないでしょうか。現在の落語界の覇者たる面々も、過半は大名跡以外を名乗る演者です。それでも、圓生を、圓朝を継ぎたい野心の噂を耳にしますが、いつの世にも時代錯誤はあるものでしょう。

六代目三遊亭圓生の名声はしかし、二十年を経た今日も健在ですし、当分永らえるものと思います。それは、メディア時代の今日、圓生さんの録音がこの分野における最大至高の「古典」になっているからなのです。

「名人の世紀」もまた、再来することのない「古典」として永遠の生命を保つのではないでしょうか。

平成十一年初夏

再度の文庫化にあたって

落語関係の文庫本が多数ある筑摩書房の長嶋美穂子さんから『圓生の録音室』のちくま文庫への編入につき打診をいただいたのは、最初の文庫化からほぼ九年を経た平成十九年のことです。

六代目三遊亭圓生の死去から三十年近くがたついま、書き下ろしてから二十年を超える旧著に三度目の陽が当たるのはありがたいことですが、それは圓生の語り残した百席を超える噺とともに圓生という不世出の芸人自身が「古典」としてなお生き続けていることの証明でもありましょう。

私自身にとっても、三十代だった自分が、見えぬ何かに促されるように、なかば夢中で取り組んだ録音仕事が、六十代になったいまもなお一定以上の評価を受けていることに、大きな感謝と少しばかりの誇りを覚えます。

二十年前の拙文はフォームが整わず、句読点の打ち方からして我ながら別人のものの感がありますが、書き下ろしたときの思いは甦ることがなく、いまはもう書けない文章であることもまた否めません。プロットは書き下ろしのままですが、その後の事実関係の変化や、もう公けにしてもよかろう事を若干附け加え、文脈の細部を化粧直しして、それでも残る修正すべき点、補うべきことは信頼する校閲人・佐久間聖司氏に力を貸して頂きました。本書になおしばらくの余命が宿ることを願うのみであります。

中公文庫から引き続いて赤川次郎氏に解説を添えていただき、とてもうれしく思っております。赤川氏が圓生さんと会ったことがないのと同様に私も氏とは未だに一面識もないままなのですが、書き下ろした頃、「赤川さんが出版社の編集者たちに『圓生の録音室』を読むように奨めているそうだよ」と青蛙房主人に言われたことがずっと耳に残っていた、という縁はあるのです。

また、今回新たに柳家喬太郎さんに解説をお願いしました。新作（自作）、古典をともに演じ、圓朝の長編人情噺にも挑んでいる喬太郎さんは、今いちばん落語を考え、語れ、実践出来る高座人だと私は思います。

カバーの写真は長年にわたって仕事をさせていただいている横井洋司氏の撮影で、数日後に亡くなるとは誰も思わなかった、圓生さん最晩年の、いや最晩日の高座姿です。演目は『三年目』、奇しくも死の予感からストーリーが流れ始める噺で、圓生さんの高座の夏にはこの白薩摩の着物がとりわけ印象的でした。

平成十九年秋

著　者

再々文庫化に寄せて

明治・大正の昔なら知らず、昭和の世に落語の「名人」は、はたして実在したのだろうか――。そんな骨の折れそうなテーマを改めて持ち出す気はないし、そうした「名人論」のようなものは東日本大震災の年に講談社から出版してもらっている（『こんな噺家《はなしか》は、もう出ません な落語［百年の名人］論』二〇一一年）。

だが、「名人」のお噂は今も絶えることなく落語とその周辺にくすぶり続けている。おそらく、みんな落語が好きなのだ。落語家そのものも好きなのだ。

好きだから、決して嫌いではないから、足を運んで特定の演者に心酔したり、意見が合わない落語家を排除したりするが、ひととおりの分別は心得ているのか、過激で危険なことをしでかしもしない。これが現代にもなお落語の息の根が保たれる理由なのか、とも思う。

そんな呑気な楽観論は遠からず――、と言い出す人は昔から数限りなくいたけれど、時代が変われば落語家も変わるということなのか、落語は江戸中・後期から三百年、五体健全で今に至っている。

むろん、そんな調子で落語を遊び半分にあしらっていれば、今度こそ落語に破局が来ないものでもない。

そろそろ、万事を洒落で片付けるたった一枚の切札を出さなければなるまい。

もし、昭和後期に六代目三遊亭圓生がいなかったならば、その少し前の昭和の中・後期に八代目桂文楽・五代目古今亭志ん生の両翼を欠いていたら――。

まことにプリミティヴな論法で気が引けるが、三百年以上にわたって今なお続いている話術錬磨と噺の脚色活動によって得た、また今なお得つつある総合芸術性によって、人間国宝の一人や二人を養えるほどの景気のよさには到達している。

とりわけて現代的知性と世話物芝居に通じる圓生の演技は昭和に生きる江戸落語のあり方を如実に予言したものだったと思うが、それは本文中に幾度となく書いたことなので、これ以上は記さない。

圓生が一九七九年の誕生日、九月三日に他界したあと、その名跡を巡って大小様々な動きがあったが、圓生没後半世紀近い今もなおその去就が定まらないのは、あの「六代目」の「次」であることを考えれば至極穏当な結果だった。

歌舞伎役者の「家」のようなものがあまりはっきりしない落語界で、名跡だけが走るというのも、おかしな話なのではないか。

この『圓生の録音室』通算三回目の文庫化にあたっては講談社・横山建城氏、ソニー・ミュージックレーベルズ・宮本聡氏、吉岡勉氏をはじめとする来福レーベルスタッフなど、多くの方々に多くの御力を頂いた。末筆ながら感謝申し上げる次第です。

令和五年盛夏

絶妙の「距離感覚」

解説　赤川次郎

今も、あの重さが忘れられない。

『三遊亭圓生　人情噺集成　その一』。レコード十三枚組のカートンボックスは、ずっしりと重く、紙袋のひもが手に食い込んだものだ。

それが、六代目三遊亭圓生との出会いだった。

その十三枚を夢中で聞き通し、『その二』『その三』と買い進んで、そうなると、すでに完結していた『百席』の方も欲しくなる。一巻、二巻、と買って行ったが、じれったい。

作家として、大分収入も安定して来たころでもあり、『百席』を全巻一度に届けてもらって、ズラリと並べた。

私は、「一日にレコード一枚ずつ」と決めて、それを聞いて行った。

今思い出しても、それは「至福の日々」と呼びたいほどの愉悦を与えてくれる時間だった……。

私は「落語好き」ではない。

本当のところ、寄席というものに行ったことがないし、圓生以外の噺家は、小さんを除けばほとんど知らない。

正しくは、「圓生の話芸のファン」なのである。

文楽も志ん生も知らずに圓生を語ってどうなるものでもないかもしれないが、落語家としての評価をする人はいくらもいよう。私は私で、極めて個人的な圓生との付合い方について語るしかない。といって、もちろん、生前の圓生を知っていたわけでなく、高座もついに見ずじまいだった。

あと五年でも早く、圓生を聞き始めていたら、晩年の高座を生で聞くことができたろうに。それは今も心残りである。

——私の世代は、ラジオで日常的に落語というものを小さいころから耳にしていた。

誰が話しているのか、知りはしなかったが、それでもいくつかの噺は頭に入っている。

ラジオからTVの時代になると、落語家はタレントに近くなって、「笑点」のような番組でしか落語家を見なくなる。そこで、私と落語の縁はしばしば途切れてしまった。

である。

「人情噺」という世界があることを知ったのは、ずっと後、レコードで圓生を聞いてから

怪談というものは昔から好きだった。

しかし、映画やTVになったものは、単にグロテスク趣味のものが多くて、作品として見るに値しないものがほとんどである。

そんなとき、あの『人情噺集成』の大きなカートンボックスが私の目をひいた。正直、レコード十三枚組というのは、オペラなら、ワーグナーの「ニーベルングの指環」四部作の他にはあり得ないものだ。

二万五千円という値段も、少々こちらをためらわせた。

白状すると、先に何枚か単発のレコードを買って、「下見」をしたものである。

いざ聞いてみると、その話芸には驚くばかりだった。

セリフのやりとりだけで、どうしてその場の情景、寒さや暗さまでが伝わってくるのか。声を声色のように使い分けているわけでもないのに、どうして大勢の登場人物がみごとに描き分けられるのか。

「さて、翌日」、のひと言もなしで、次の朝だと分らせてしまうのは、どういう魔法なのか。

私は夢中になった。

小説を書く上で参考にした、などと言っては失礼だ。およそ中の重みは遠く及ばない。それでも、文章を一行空きにして、セリフでポンと始める段落のつけ方や、場所や状況をセリフのやりとりの中で分るようにすることなど、圓生の語りに学んだことはいくつもある。

もちろん本当に圓生のすばらしいところ、人間を見る目の確かさ、暖かさ。――そんな肝心の所はとても「盗める」ものではなかった。

私は圓生という人の、人となりを知りたくなって、書店の落語本のコーナーへ行った。そして手に取ったのが、青蛙房の函入りの『圓生の録音室』だった。

京須偕充さんという変った名前の著者は、圓生の遺したあの膨大なレコードのプロデューサーである。私は、録音の裏話としても、本当に楽しくこの本を読んだ。

しかしながら、この本の価値はそんな裏話に止まるものではない。

ついに生前の姿を見ることのなかった圓生の人柄を、京須さんの筆はみごとに浮き上らせている。

たとえば内弟子とか、同じ落語家仲間のように近すぎる人の手になる文章ではこうはいくまい。

近すぎず、離れすぎず、一緒に仕事をした「仲間」として見た名人を描く京須さんの、その「距離感覚」が絶妙である。圓生を巡る人々の点描も、その話しことばが活き活きとして、簡潔な筆なのに、生きている。

　考えてみれば、この「近すぎず、離れすぎず」という対象との距離のとり方は、圓生の「登場人物」との係《かかわ》りに似ているようでもある。

　人物を自分の中へとり込んでしまうのでもなく、といって冷たく突き放しもしない。視点は冷静だが、視線は暖い。

　その絶妙な、「主観と客観」のバランス。

　この本も、京須さんの目を通しての圓生でありながら、圓生への敬愛の念が一本貫いているところがすばらしい。

　圓生の芸については、この本文を読んでいただけば充分。私のような素人があれこれ言っても始まらない。

　それにしても——今、私の仕事である、エンタテインメントの世界でも、「語り口」に無頓着な作家が多すぎると思う。

　作家の手ぎわの良さに引張り回される快感。——そんなものを味わわせてくれる作品はごく少ない。

「こんなにすばらしいお手本があるのに」

　と、当今ブームのホラーの書き手に、圓生の「累ケ淵」と、「牡丹燈籠」を、聞かせてみたいものだ。

「怪談」が「ホラー」になって、失われたのは「人の生きることの哀しさ」である。人の中の「悪意」ばかりが強調されて、「怖いだろう」と言われても、私は肯けない。

圓生の怪談噺の怖さは、「たたる側」にも「たたられる側」にも、等しく語り手の心が通っているところに生れる。

この本が文庫で読めるようになって、さて困ったことは、またあの『人情噺集成』と、『百席』を、片っ端から聞きたくなるに違いない、ということである。

圓生師なら……

解説　柳家喬太郎

柳家は腹から、三遊亭は形から。

楽屋うちで、そんなふうに言うことがある。

何のことかと言うと、これは一門の芸風の違い、もしくは芸の教え方の違いである。

例えば酔っ払いを演じる場合、三遊亭の教え方だと、

「酔っ払いてぇのは、目をこう、とろんとさせて、腿のところへ置いた手をこう落として、上目遣いに、口元はこうして……」

という具合に、形から入る。これが柳家になると、

「酔っ払いの了見で演《や》れ」

という塩梅《あんばい》。『狸札』や『狸賽』など、狸が登場するような噺なら、

言われた方はありがたくも、「狸の了見なんて分かんないよ……」と途方に暮れる。

これは、笑い話めかして時折語られる芸談で、この「狸の了見になれ」というのは、僕の大師匠、五代目柳家小さんの言葉である。

圓生師なら、なんとおっしゃっただろう。

「狸てェものはこう、両の手を握って拳を拵《こしら》える。いやそうじゃない手の甲はこう、上へ向けて、そうそう、いやそんなに縮こまっちゃあいけない。それから口を心持ち尖らせるようにして、あァ尖らせ過ぎだそりゃ。でこの、これは子狸だから、ちょいと上目遣いにして、ウン、それで喋ってみな」

こんな具合だろうか。

僕は昭和三十八年の生まれで、師・柳家さん喬に入門したのが平成元年の十月だから、もちろん、楽屋の圓生師匠を知らない。楽屋どころか、圓生師の生の高座にも間に合わなかった。だから、狸の演技云々のセリフは、遺された音や映像からの、僕の完全な想像である。

形から入り、芸に厳しい六代目三遊亭圓生。それに間違いはなかろうし、それは本書からもひしひしと伝わってくるが、同時に意外な一面も知ることができた。『湯屋番』録音時にふと出た歌い調子や『質屋庫』のアドリブ、思いたって、普段演らない『鰻の幇間』を録音したエピソードなどがその一例だ。それに、京須さんも意外だったと書いておられるように、「もっと気ままにズボラにやらせてもらいたいんです」などという言葉を、おっしゃる師匠ではないと思っていた。

近過ぎず離れ過ぎず、あくまでも録音という仕事を通して、かと言ってビジネスライクに割り切り過ぎもせず、軸のぶれない付き合い方を貫いた著者だからこそ、描くことが出来た圓生像が、本書にはある。

それにしても、圓生師匠と京須さんは、大した仕事をして下さったものだ。よくぞこれだけの演目を、音として、後世に残して下さった。決して大袈裟な言い方ではなく、京須さんへのヨイショでもなく（僕自身、落語会などで京須さんにはお世話になっているので、喬太郎のやつ解説文で大仰なヨイショをしてやがる……ととられては困るのだが）、『圓生百席』『人情噺集成』は、落語界の宝の一つと言っていいだろう。落語ファンのみならず、それはもちろん、われわれ落語家にとっても、である。

『圓生百席補遺』の企画があったのを、本書を読んで初めて知った。大師匠、小さんも十八番にしていた『粗忽の使者』など、圓生師ならどう演られたのか。『たらちね』『子ほめ』などの前座噺は、どう演じられたか。その録音がかなわなかったのは残念だが、『圓生百席』の予定演目を全て収録されたことは、後進にとってはまことにありがたく、畏敬の念を禁じ得ない。

しかし、困ったこともある。

名人芸が遺されることによって、今のわれわれが、較べられてしまう。

「さすが昔の名人は上手《うま》かったねェ。それに引き替え、今の噺家はだらしがねえなぁ」

と、この先ずっと、そう言われるのだ。

圓生師ばかりではない。文楽、志ん生、彦六、小さん、馬生、志ん朝……他の師匠方も。名人、上手と言われた師匠方の録音が、たくさん残っている。生意気ながら僕も数枚、落語のCDを出させてもらっているが、芸を較べられたら堪らない。雲泥どころか、太陽と海底以上の差がある。

しかし……、圓生師以前の名人たち、例えば四代目橘家圓喬、三代目三遊亭圓馬、四代目橘家圓蔵、三代目柳家小さん、そして三遊亭圓朝。こういった師匠方の録音が、SPではなく今の技術で、もしも遺されていたとしても、六代目圓生師は、やはり『圓生百席』を遺されただろう。それは、「あたくしの芸は、昔の名人に引けをとりやせん」という意味では決してなく、

「いやどうも、あたくしなぞは足元にも及びませんが……しかし昔の名人は昔の名人、い

つまでもそればかり引きずっていたんじゃあいけないんで、今は今の芸があります。あたくしでよろしければ、へへ、やりましょう」

そう、おっしゃったのではなかろうか。

だから平成の僕たちも、勇気を奮って、落語を演ろう。今の古典を、新作を、今の落語を。いやもちろん、圓生師の域には生涯、近付けはしないだろうが……。

それより不安なのは、天国で圓生師が、

「なんです喬太郎てぇ奴は。京須さんの著書ですからあたくしが何か言うのもナンですが、セコなくせに生意気でげす！」

と、怒ってらっしゃるのではなかろうか。

「まぁまぁ圓生さん、あいつも悪気がある訳じゃなし、ここはひとつ、勘弁してやって下さい」

なんて、大師匠、とりなしてくれないかな。

「おゥ、喬太郎！　俺が口をきいてやってんのに何ボンヤリしてやがんだ薄馬鹿野郎！早くこっちィ来て圓生師匠に謝らねえか！」

あッは、はいッ！　すいません大師匠、ただいますぐに……え？　えぇーッ!?

そ、そっちに行くのは、まだまだ勘弁して下さいよ……!!

本書は一九八七年二月、青蛙房から刊行され、一九九九年八月に中央公論新社より、二〇〇七年十月に筑摩書房より文庫化されました。

本書はちくま文庫版を底本とし、適宜修正しています。なお、文芸文庫化にあたり、底本あとがきで言及される横井洋司氏撮影のカバー写真は割愛しました。また、底本の赤川次郎・柳家喬太郎両氏の解説には、新たにタイトルを付しています。

Kodansha Bungei bunko

圓生《えんしょう》の録音室《ろくおんしつ》

京須《きょうす》偕充《ともみつ》

2023年10月10日第１刷発行

発行者……高橋明男
発行所……株式会社 講談社
〒112-8001 東京都文京区音羽2・12・21
電話 編集（03）5395・3513
販売（03）5395・5817
業務（03）5395・3615

デザイン……水戸部 功
印刷……株式会社ＫＰＳプロダクツ
製本……株式会社国宝社
本文データ制作……講談社デジタル製作

ISBN978-4-06-533350-1

講談社文芸文庫

青木淳選	建築文学傑作選	青木 淳——解
青山二郎	眼の哲学|利休伝ノート	森 孝——人／森 孝——年
阿川弘之	舷燈	岡田 睦——解／進藤純孝——案
阿川弘之	鮎の宿	岡田 睦——年
阿川弘之	論語知らずの論語読み	高島俊男——解／岡田 睦——年
阿川弘之	亡き母や	小山鉄郎——解／岡田 睦——年
秋山駿	小林秀雄と中原中也	井口時男——解／著者他——年
芥川龍之介	上海游記|江南游記	伊藤桂一——解／藤本寿彦——年
芥川龍之介 谷崎潤一郎	文芸的な、余りに文芸的な|饒舌録ほか 芥川vs.谷崎論争 千葉俊二編	千葉俊二——解
安部公房	砂漠の思想	沼野充義——人／谷 真介——年
安部公房	終りし道の標べに	リービ英雄-解／谷 真介——案
安部ヨリミ	スフィンクスは笑う	三浦雅士——解
有吉佐和子	地唄|三婆 有吉佐和子作品集	宮内淳子——解／宮内淳子——年
有吉佐和子	有田川	半田美永——解／宮内淳子——年
安藤礼二	光の曼陀羅 日本文学論	大江健三郎賞選評-解／著者——年
李良枝	由熙|ナビ・タリョン	渡部直己——解／編集部——年
李良枝	石の聲 完全版	李 栄——解／編集部——年
石川淳	紫苑物語	立石 伯——解／鈴木貞美——案
石川淳	黄金伝説|雪のイヴ	立石 伯——解／日高昭二——案
石川淳	普賢|佳人	立石 伯——解／石和 鷹——案
石川淳	焼跡のイエス|善財	立石 伯——解／立石 伯——年
石川啄木	雲は天才である	関川夏央——解／佐藤清文——年
石坂洋次郎	乳母車|最後の女 石坂洋次郎傑作短編選	三浦雅士——解／森 英——年
石原吉郎	石原吉郎詩文集	佐々木幹郎-解／小柳玲子——年
石牟礼道子	妣たちの国 石牟礼道子詩歌文集	伊藤比呂美-解／渡辺京二——年
石牟礼道子	西南役伝説	赤坂憲雄——解／渡辺京二——年
磯﨑憲一郎	鳥獣戯画|我が人生最悪の時	乗代雄介——解／著者——年
伊藤桂一	静かなノモンハン	勝又 浩——解／久米 勲——年
伊藤痴遊	隠れたる事実 明治裏面史	木村 洋——解
伊藤痴遊	続 隠れたる事実 明治裏面史	奈良岡聰智-解
伊藤比呂美	とげ抜き 新巣鴨地蔵縁起	栩木伸明——解／著者——年
稲垣足穂	稲垣足穂詩文集	高橋孝次——解／高橋孝次——年
井上ひさし	京伝店の烟草入れ 井上ひさし江戸小説集	野口武彦——解／渡辺昭夫——年

講談社文芸文庫

井上靖	補陀落渡海記 井上靖短篇名作集	曾根博義──解／曾根博義──年
井上靖	本覚坊遺文	高橋英夫──解／曾根博義──年
井上靖	崑崙の玉|漂流 井上靖歴史小説傑作選	島内景二──解／曾根博義──年
井伏鱒二	還暦の鯉	庄野潤三──人／松本武夫──年
井伏鱒二	厄除け詩集	河盛好蔵──人／松本武夫──年
井伏鱒二	夜ふけと梅の花|山椒魚	秋山 駿──解／松本武夫──年
井伏鱒二	鞆ノ津茶会記	加藤典洋──解／寺横武夫──年
井伏鱒二	釣師・釣場	夢枕 獏──解／寺横武夫──年
色川武大	生家へ	平岡篤頼──解／著者──年
色川武大	狂人日記	佐伯一麦──解／著者──年
色川武大	小さな部屋|明日泣く	内藤 誠──解／著者──年
岩阪恵子	木山さん、捷平さん	蜂飼 耳──解／著者──年
内田百閒	百閒随筆 Ⅱ 池内紀編	池内 紀──解／佐藤 聖──年
内田百閒	[ワイド版]百閒随筆 Ⅰ 池内紀編	池内 紀──解
宇野浩二	思い川|枯木のある風景|蔵の中	水上 勉──解／柳沢孝子──案
梅崎春生	桜島|日の果て|幻化	川村 湊──解／古林 尚──案
梅崎春生	ボロ家の春秋	菅野昭正──解／編集部──年
梅崎春生	狂い凧	戸塚麻子──解／編集部──年
梅崎春生	悪酒の時代 猫のことなど ─梅崎春生随筆集─	外岡秀俊──解／編集部──年
江藤淳	成熟と喪失 ─"母"の崩壊─	上野千鶴子─解／平岡敏夫──案
江藤淳	考えるよろこび	田中和生──解／武藤康史──年
江藤淳	旅の話・犬の夢	富岡幸一郎─解／武藤康史──年
江藤淳	海舟余波 わが読史余滴	武藤康史──解／武藤康史──年
江藤淳 蓮實重彥	オールド・ファッション 普通の会話	高橋源一郎─解
遠藤周作	青い小さな葡萄	上総英郎──解／古屋健三──案
遠藤周作	白い人|黄色い人	若林 真──解／広石廉二──年
遠藤周作	遠藤周作短篇名作選	加藤宗哉──解／加藤宗哉──年
遠藤周作	『深い河』創作日記	加藤宗哉──解／加藤宗哉──年
遠藤周作	[ワイド版]哀歌	上総英郎──解／高山鉄男──案
大江健三郎	万延元年のフットボール	加藤典洋──解／古林 尚──案
大江健三郎	叫び声	新井敏記──解／井口時男──案
大江健三郎	みずから我が涙をぬぐいたまう日	渡辺広士──解／高田知波──案
大江健三郎	懐かしい年への手紙	小森陽一──解／黒古一夫──案

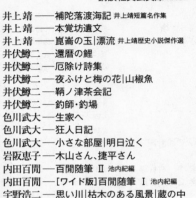

講談社文芸文庫

大江健三郎-静かな生活　伊丹十三――解／栗坪良樹――案
大江健三郎-僕が本当に若かった頃　井口時男――解／中島国彦――案
大江健三郎-新しい人よ眼ざめよ　リービ英雄-解／編集部――年
大岡昇平――中原中也　粟津則雄――解／佐々木幹郎-案
大岡昇平――花影　小谷野 敦――解／吉田凞生――年
大岡信――私の万葉集一　東 直子――解
大岡信――私の万葉集二　丸谷才一――解
大岡信――私の万葉集三　嵐山光三郎-解
大岡信――私の万葉集四　正岡子規――附
大岡信――私の万葉集五　高橋順子――解
大岡信――現代詩試論|詩人の設計図　三浦雅士――解
大澤真幸――〈自由〉の条件
大澤真幸――〈世界史〉の哲学 1 古代篇　山本貴光――解
大澤真幸――〈世界史〉の哲学 2 中世篇　熊野純彦――解
大西巨人――春秋の花　城戸朱理――解／齋藤秀昭――年
大原富枝――婉という女|正妻　高橋英夫――解／福江泰太――年
岡田睦――明日なき身　富岡幸一郎-解／編集部――年
岡本かの子-食魔 岡本かの子食文学傑作選 大久保喬樹編　大久保喬樹-解／小松邦宏――年
岡本太郎――原色の呪文 現代の芸術精神　安藤礼二――解／岡本太郎記念館-年
小川国夫――アポロンの島　森川達也――解／山本恵一郎-年
小川国夫――試みの岸　長谷川郁夫-解／山本恵一郎-年
奥泉光――石の来歴|浪漫的な行軍の記録　前田 塁――解／著者――年
奥泉光 群像編集部 編-戦後文学を読む
大佛次郎――旅の誘い 大佛次郎随筆集　福島行一――解／福島行一――年
織田作之助-夫婦善哉　種村季弘――解／矢島道弘――年
織田作之助-世相|競馬　稲垣眞美――解／矢島道弘――年
小田実――オモニ太平記　金 石範――解／編集部――年
小沼丹――懐中時計　秋山 駿――解／中村 明――案
小沼丹――小さな手袋　中村 明――人／中村 明――年
小沼丹――村のエトランジェ　長谷川郁夫-解／中村 明――年
小沼丹――珈琲挽き　清水良典――解／中村 明――年
小沼丹――木菟燈籠　堀江敏幸――解／中村 明――年
小沼丹――藁屋根　佐々木 敦――解／中村 明――年

講談社文芸文庫

講談社文芸文庫

京須偕充

圓生の録音室

昭和の名人、六代目三遊亭圓生の至芸を集大成したレコードを制作した若き日の著者が、最初の訪問から永訣までの濃密な日々のなかで受け止めたものとはなにか。

解説＝赤川次郎・柳家喬太郎

きL1

978-4-06-533350-4

伊藤痴遊

続 隠れたる事実

明治裏面史

維新の三傑の死から自由民権運動の盛衰、日清・日露の栄光の勝利を説く稀代の講釈師は過激事件の顚末や多くの疑獄も見逃さない。戦前の人びとを魅了した名調子！

解説＝奈良岡聰智

いZ2

978-4-06-532684-8